DUMONT EXTRA

Istrien

Kvarner Bucht

Daniela Schetar
Friedrich Köthe

Inhalt

Dobro

Blau-, Grün- und Weißtöne verschmelzen in Istrien und auf den Inseln der Kvarner Bucht zu immer neuen Tableaus von einer mal wilden und unbezähmbaren, dann wieder sanften, kultivierten Schönheit. Zwischen den tiefgrünen Wäldern und Parks lugt weißgrauer Kalkstein hervor, als hätten ihn vorwitzige Kobolde über die Landschaft verteilt. Im Hinterland thro-

došli!

nen winzige Siedlungen wehrhaften Burgen gleich auf steilen Hügeln, umgeben von Weinreben, Olivenhainen oder Kastanienwäldern. Mit hier dunklem, dort wiederum türkisem Blau lecken die Wellen der Adria an die felsigen Gestade und die Mauern venezianischer Städtchen; meist mit sanftem Plätschern, manchmal jedoch mit zerstörerischer Kraft.

Istrien „Badespaß und Kultur"

Istrien sieht auf der Landkarte aus wie ein wuchtiger Tropfstein, der sich an der Nahtstelle von Balkanhalbinsel und italienischem Stiefel zwischen den beiden Landmassen ins Meer gefressen hat – ein Symbol übrigens für die über 1000 Karstgrotten, die das 2820 km^2 große Gebilde unterhöhlen. Davor dümpeln wie an einer Kette aufgereiht und die Kvarner Bucht gegen die See hin abschirmend die Inseln Cres, Lošinj, Krk und Rab. Die Grenzen zwischen Wasser und Land sind fließend, Felsnasen folgen auf bewaldete Buchten, Bergrücken umrahmen tief eingeschnittene Fjorde – und das gesamte Archipel ist stets beschienen von einem fast mystischen Licht, das Konturen deutlich hervortreten lässt, um sie wenige Stunden später im sommerlichen Dunst zu verschlucken, je nachdem, woher der vorherrschende Wind weht.

Der Wind ist das formende Element im nördlichsten Teil Kroatiens. Seine Launen werden von Fischern wie Bauern genau beobachtet. Die ungestüme *Bora* von Norden bringt klare Sicht und bewegtes Meer; die *Tramontana* von Süden dagegen treibt häufig feuchtigkeitsschwangere Wolken und tropisch-feuchte Luftmassen vor sich her. Welche zerstörerische Kraft die Bora besitzt, zeigen die dem Festland zugewandten, kahlen Felsrücken der Inseln Krk, Cres und Rab. Kein Grashalm, kein Busch vermag ihrem Toben lange zu widerstehen. Wie versteinerte Walfische ragen rund abgeschliffene, jeglicher Vegetation beraubte Gesteinsbuckel aus dem Meer. Hinter der Barriere jedoch tragen die Inseln ein üppiges Pflanzenkleid.

Fruchtbarkeit und Schönheit machten diese Region stets zum Zankapfel der die Adria beherrschenden Mächte. Als erste streckten die Römer ihre gierigen Hände nach Histria aus, wo die alteingesessenen Illyrer bis dahin so manchen Völkereinfall unbeschadet überstanden hatten. Nun aber hieß es schuften auf den Latifundien der neuen Herren, zumeist pensionierter Veteranen, die es sich in Istrien gut gehen ließen und wahrscheinlich eifrig dem heimischen Wein zusprachen. Ihnen folgten die Byzantiner, die wiederum von der Seemacht Venedig aus ihren Küstenfestungen vertrieben wurde. Das Römische, in Gestalt des Italienischen, kehrte also wieder zurück und prägte Baukunst, Lebensstil

Schönes Segelrevier und malerisches Stadtbild: Rovinj

und Sprache der Menschen nachhaltiger, als es ihre slawischen Wurzeln vermochten. Das Vorbild der Serenissima und vor allem ihr Campanile ist in den meisten Städtchen an der Küste und im Inneren der Halbinsel vielfach kopiert, der Dialekt, den viele Istrer heute noch sprechen, hat mehr Ähnlichkeit mit dem Lateinischen denn mit modernem Italienisch, und der Cappuccino schmeckt in den Cafés von Rovinj oder Opatija mindestens ebenso gut wie im Mutterland. Alle Kolonisatoren suchten in Istrien und auf den Insel ein besonders wertvolles Gut: Holz für den Bau ihrer Schiffe und für die Verankerung Venedigs im Meer. Die dichten Eichenwälder wurden rücksichtslos abgeholzt.

1815 erbte Österreich die Besitzungen Venedigs. Als erster Fremdherrscher war es bereit, die Halbinsel nicht nur auszubeuten, sondern auch in sie zu investieren. Eisenbahnlinien und Straßen wurden gebaut, und das venezianische Erbe um den Prunk der k. u. k.-Monarchie bereichert. Klassizistisch und zumeist in strahlendem Gelb mit abgesetztem weißen Stuck gehalten, säumen noch heute hochherrschaftliche Villen und Hotels die Küstenlinie, vor allem an der Liburnischen Riviera zwischen Opatija und Lovran. Die wertvollste Hinterlassenschaft dieser Epoche, die mit der Rückgabe Istriens an Jugoslawien 1947 zu Ende ging, war aber der Versuch, die Wunden zu heilen, die der Raubbau an der Natur hinterlassen hatte. Zahlreiche Wiederaufforstungsprogramme wurden begonnen und in der sozialistischen Republik Jugoslawien fortgeführt. Die schattigen Parks der Kurorte sind so entstanden, aber auch die lichten Pinien- und Kiefernwälder im Landesinneren und auf den Inseln. Heute tragen Istrien und Kvarner wieder ein grünes Kleid, und die kroatische Regierung setzt mit engagiertem Umwelt- und Naturschutz diese Politik fort.

Die Bedrohung Istriens kam meist vom Meer – nicht umsonst klammern sich viele Städtchen von dicken Mauern und Türmen geschützt an eine Bergkuppe hoch über der Adria, außerhalb der Reichweite feindlicher Schiffe. Einige hundert Jahre lang, zwischen dem 14. und dem 18. Jh., mussten die Istrer ihre Halbinsel aber auch gegen eine Festlandsmacht vertei-

Badefreunden auf der Insel Rab bei Lopar

digen: Die Osmanen drängten immer wieder nach Norden und Westen. Die großen Schlachten gegen die Türken wurden zwar nicht in dieser Region geschlagen – unvergessen blieb die Angst vor den ›Barbaren‹ und die Erleichterung über deren endgültige Vertreibung aber bis heute. Die Hafenstadt Rijeka wählte sich ein Porträt des ›typischen‹ Türken, dunkelhäutig mit riesigem Turban, zum Maskottchen. Diesen *morčić* findet man auch anderswo in Istrien und dem Kvarner, und zwar meist als Schmuckanhänger oder Ohrring. Abergläubische Menschen attestieren ihm eine große Macht gegen den bösen Blick und gegen heimtückische Krankheiten. Nur jüdische Handwerker durften ihn fertigen, und zwar unter vollkommenem Schweigen. Wurde bei der Herstellung auch nur ein Wort gesprochen, war die Wirkung dahin.

Viele Völker haben auf die Istrer eingewirkt, Architektur, Traditionen, Küche und Sprache geprägt, doch die slawischen Ursprünge haben all diese Einflüsse überdauert. Ein bisschen ist dies vielleicht auch zwei christlichen Missionaren zu danken: Kyrill und Method, die Slawenapostel, schufen die erste Niederschrift des Kroatischen, die *glagolica,* aus der sich die kyrillische Schrift entwickelte. Die Glagolica gilt den Kroaten als Symbol für die Eigenständigkeit ihrer Nation, die sie gegen alle Fremden stets zu bewahren suchten und seit der Unabhängigkeit 1991 endlich auch leben können.

Auf geradezu mysteriöse Weise gilt das lebenslustige Istrien als idealer Rückzugsort für den Lebensabend: Angefangen hatte dies bereits mit den Römern, die ihre Pensionäre nach Istrien schickten. Die Venezianer taten es ihnen nach; wer nicht wohlhabend genug war, in der Lagunenstadt retirieren zu können, zog auf die gegenüberliegende Seite der Adria, von wo er die Serenissima bei klarem Wetter sogar noch sehen konnte. Um die Wende vom 19. zum 20. Jh. kurten betagte Kaiser und Könige nebst kränkelnden Prinzen und Prinzessinen im Seebad Abbazia, und heute suchen vor allem ältere Menschen die schönen Küstenorte auf. Vielen Jungen ist Istrien nicht ›hip‹ genug, und vielleicht taten die Jahrzehnte des sozialistisch gelenkten Tourismus im

Vor der Euphrasius-Basilika in Poreč

ehemaligen Jugoslawien das Ihre, das Bild von einem eher biederen Reiseziel zu verfestigen.

Katastrophale Auswirkungen für den Fremdenverkehr hatten die kriegerischen Auseinandersetzungen nach dem Zerfall Jugoslawiens. Obwohl in Istrien und auf den Kvarner Inseln nie auch nur ein Schuß abgefeuert wurde, mieden die verschreckten Mitteleuropäer die Region. Sogar der Kosovokrieg zeigte 1999 Wirkung: Die Touristen blieben aus, und die Kroaten verstanden die Welt nicht mehr, die ihr friedliches Istrien in einen Topf mit dem über 1000 km entfernten Krisenherd warf.

Kroaten und Slowenen, seit dem Auseinanderbrechen Jugoslawiens lange Zeit die wichtigsten Gäste Istriens und des Kvarner, wissen das besser. Tagsüber stürzen sie sich von Bungee-Türmen oder lassen sich von hochmodernen Skiliften über das Wasser ziehen. Sie erkunden schorchelnd oder tauchend die Unterwasserwelt der vielgegliederten Küste und segeln zu einsamen, vom Land her unzugänglichen Buchten. Sportlich Aktive lassen sich auf bunten Surfbrettern vom Wind über das ruhige Wasser tragen oder sie düsen auf Mountainbikes über steile und hervorragend unterhaltene Feldwege durch unberührte Natur. Abends wird nach einem üppigen, köstlichen Mahl in den Bars und Diskotheken der Badeorte weitergemacht, bis die Morgendämmerung die Tänzer in die Kojen scheucht.

Istrien und Kvarner haben das Mäntelchen des gemächlichen Kururlaubs längst abgestreift und durch ein spannendes Ferienoutfit ersetzt. Modernisierte Hotelanlagen, gute Marinas und ein schier unbegrenztes Sportangebot lassen das Herz der Wasserratten höher schlagen, nach der feinen Fischküche und der deftigen istrischen Bauernkost kann man süchtig werden, und das behutsam restaurierte bauliche Erbe überrascht auch noch verwöhnte Kulturreisende.

Für das Tüpfelchen auf dem i sorgen schließlich die Istrer selbst. Die schwierige wirtschaftliche Lage meistern sie mit entwaffnender Fröhlichkeit und Improvisation. Binnen Stunden fühlt sich noch der gestressteste Gast von so viel Herzlichkeit überwältigt und von der mediterranen Leichtigkeit angesteckt.

Geschichte

Glagolitische Schrifttafel in Hum

1200 v. Chr.	Einwanderung illyrischer Völker. Die Histrer besiedeln Istrien, Liburner den Norden und Japoden den Osten der Kvarner Bucht.
ab 700 v. Chr.	Griechische Kolonien werden an der Küste gegründet.
181 v. Chr.	Römische Eroberung Istriens.
395	Istrien und Kvarner werden dem weströmischen Imperium (später Byzanz) zugeschlagen.
ab 500	Südslawische Völker dringen auf die Balkanhalbinsel vor. Istrien wird Siedlungsgebiet der Kroaten.
9. Jh.	Entwicklung der glagolitischen Schrift. Karl der Große verleibt Istrien dem Frankenreich ein.
1000	Die Seerepublik Venedig macht sich an die Eroberung Istriens und Dalmatiens.
1374	Das Habsburgische Reich kann Inneristrien erobern, muss die Kontrolle der Küstenstädte aber weiterhin Venedig überlassen.
1480	Erster Überfall des Osmanischen Heeres auf Istrien.
17 Jh.	Eine Pestepidemie fordert viele Opfer. Flüchtlinge aus von Osmanen besetzten Gebieten der Balkanhalbinsel, Uskoken, werden angesiedelt.
1797	Napoleon beendet die Ära der venezianischen Republik. Istrien wird zunächst Österreich zugespro-

	chen, gehört ab 1809 zu den Illyrischen Provinzen und kehrt 1815 schließlich ins Habsburgische Reich zurück.
1918	Slowenen, Kroaten und Serben schließen sich zum Königreich Jugoslawien zusammen. Istrien und Kvarner werden im Vertrag von Rapallo Italien zugesprochen.
1939 – 1945	Kroatien wird eigenständiger Staat unter der faschistischen Ustascha-Bewegung. Nach dem Ende des Zweiten Weltkriegs schließt sich Kroatien der Sozialistischen Föderativen Republik Jugoslawien an.
1947	Istrien wird im Frieden von Zadar Jugoslawien unterstellt.
1990	Kroatien führt das Mehrparteiensystem ein. Erste Kämpfe zwischen Kroaten und Serben.
1991	Die Unabhängigkeitserklärung Kroatiens wird von der serbisch dominierten jugoslawischen Armee nicht hingenommen. Es kommt zu heftigen Kämpfen.
1995	Kroatien kann die verlorenen Gebiete in der Krajina zurückerobern. Der Friedensschluss von Dayton beendet den Krieg.
1997	Franjo Tudjman und die HDZ (Kroatische Demokratische Gemeinschaft) erreichen bei den Wahlen hohe Stimmengewinne. Mit 61 % wird Tudjman in seinem Amt bestätigt, doch immer mehr Oppositionelle wehren sich gegen Tudjmans diktatorischen Führungsstil, Korruption und Vetternwirtschaft.
1999	Der Kosovo-Krieg, Hunderte von Kilometern von Istrien entfernt ausgetragen, trifft die kroatische Tourismuswirtschaft empfindlich. Die dringend erwarteten Gäste bleiben fern.
2000	Franjo Tudjman stirbt im Dezember 1999. Bei den Präsidentschaftswahlen gewinnt Stipe Mesić von der Zentristischen Volkspartei HNS mit 56% der Stimmen
2001	Auch die neue Führungsmannschaft ist im Bürokratenfilz der alten Seilschaften gefangen; die Wirtschaft stagniert, ausländische Investoren halten sich zurück, die Arbeitslosenrate beträgt über 20%.

Gut zu wissen!

Schild vor der Basilika in Poreč

Nach Istrien zu reisen ist unkompliziert und unproblematisch. Die Kroaten freuen sich nach den Jahren, in denen die Touristen ausgeblieben sind, über jeden Gast. Sie sind sehr zuvorkommend, hilfsbereit und herzlich, und viele sprechen sehr gut deutsch.

Du oder Sie: Es ist kroatische Tradition, sich mit dem Vornamen anzusprechen, was nicht automatisch bedeutet, dass man sich auch duzt. Fremde stellen sich zwar mit vollem Namen vor, gehen dann aber schnell zur informellen Ansprache über: Herr Darko oder Frau Dunja können alte Bekannte, aber auch Angestellter und Vorgesetzte sein.

Eiscreme: Sie leuchten in allen Regenbogenfarben, tragen Namen wie ›Rafaelo‹ oder ›Deep Blue‹ und schmecken einfach süchtig machend: die zumeist von bosnischen Gastarbeitern fabrizierten Speiseeissorten. Spätestens zum Corso bewaffnet sich die Jugend mit Eistüten, auf denen sich die buntesten Köstlichkeiten türmen. Die Regel, ›im Süden‹ kein Eis zu essen, kann man angesichts derlei Verlockungen getrost über Bord werfen.

Genscher-Land: Wohl kein Ausländer wird in Kroatien so inbrünstig verehrt wie der ehemalige deutsche Außenminister, war er es doch, der die internationale Anerkennung Kroatiens durchsetzte. Deutsche, schon immer der Kroaten liebste Feriengäste, werden heute noch besonders herzlich empfangen, sie kommen schließlich aus ›Genscher-Land‹.

Mücken: In der Abenddämmerung schlägt die Stunde der Stechmücken, die je nach Region mal mehr, mal weniger penetrant auftreten. Einreiben mit einem Schutzmittel oder das Tragen langer Hosen und langärmeliger Blusen wehrt die Blutsauger ab.

Nacktbaden: Die alte FKK-Tradition wird aufrecht gehalten, allerdings muss alles seine Ordnung haben, so auch das hüllenlose Vergnügen. Es gibt zahllose FKK-Anlagen; an den ›normalen‹ Stränden wird ›oben ohne‹ toleriert. Infos gibt's in speziellen FKK-Führern.

Politik: Wenig hat die Kroaten so tief getroffen wie das Verhalten des

Westens gegenüber ihrem unabhängigen Staat. Dass man Kroatien mit Embargos belegte, die Auslieferung ›angeblicher‹ Kriegsverbrecher verlangte und das Land wegen Tudjmans autokratischer Herrschaft wirtschaftlich wie politisch isolierte, empfindet die große Mehrheit als ungerecht. Doch trotz der etwas depressiven Grundstimmung werden Gespräche über Politik mit erstaunlicher Offenheit und Neugier geführt.

Religion: Die Kroaten sind glühende Verehrer der Jungfrau Maria, die in keiner Kirche, Kapelle oder Wegkreuzung fehlen darf. Fast noch wichtiger aber sind die lokalen Heiligen und Kirchenpatrone, deren Festtage mit überaus inbrünstigen Prozessionen begangen werden. Erst seit der Unabhängigkeit können die Kroaten ihren Glauben wieder ausleben. Besucher sollten in Kirchen stets Rücksicht nehmen, die Gotteshäuser nur in angemessener Kleidung betreten und sich leise verhalten.

Seeigel: Fast überall in Istrien und Kvarner ist der Weg ins glasklare Meer etwas beschwerlich. Die Küste ist felsig, und abgesehen von einigen winzigen Kies- und Sandbuchten muss man mit einigem Geschick über scharfkantiges Gestein ins Wasser klettern. Damit nicht genug, denn häufig muss man sich auch noch vor Seeigeln hüten. Ihre feinen Nadeln können unter der Haut brechen und müssen schlimmstenfalls operativ entfernt werden. Kroatien tut viel, um das Baden bequemer zu machen: mit Leitern von betonierten Plattformen, mit aufgeschüttetem Kies, mit Stegen, die direkt ins tiefe Wasser führen. Der beste und sicherste Schutz gegen Stein und Igel sind trotz allem Badeschuhe.

Umweltschutz: Vor allem zur Verbesserung der Wasserqualität werden große Anstrengungen unternommen – veraltete Kanalisation wird modernisiert, die Strände regelmäßig gereinigt, und Taucher säubern ganze Abschnitte unter Wasser vom Zivilisationsmüll. Doch alle Mühe hilft nichts gegen die Folgen der globalen Erwärmung. Im Sommer treiben deshalb gelegentlich Algenblütenteppiche auf dem Meer, die hygienisch zwar unbedenklich sind, aber so unappetitlich aussehen, dass sich kaum jemand ins Wasser wagt. Ein paar heftige Stöße des Nordwindes Bora genügen normalerweise, dem Spuk ein Ende zu bereiten.

Viele Herren – ein Volk: Viele Kolonialherren gaben sich in Istrien die Klinke in die Hand. Heute haben die Menschen zwar ein dezidiertes Bewusstsein dessen, was sie von ihren Ex-Brüdern aus gesamtjugoslawischer Zeit unterscheidet, aber wozu sie letztendlich gehören, ist weniger klar: Zu Italien? Architektur, Küche und der Dialekt des romanischen Nachbarn sind in Istrien deutlich vertreten! Zu den Südslawen? Nun, man spricht schließlich Kroatisch! Oder ist doch das österreichische Erbe dominant? In puncto Zuverlässigkeit und Fleiß jedenfalls fühlen sich viele eher mitteleuropäischer Kultur zugehörig. So schöpft man mit spielerischer Leichtigkeit aus den Gewürztiegeln der Geschichte und komponiert aus den Einflusssphären Italien, Österreich und Jugoslawien eine wohlschmeckende *maneštra,* in der die einzelnen Zutaten sich nicht überdecken, sondern harmonieren.

Feste & Unterhaltung

Die hohen Feiertage des katholischen Kirchenjahres werden in den meisten Orten mit feierlichen Prozessionen und Messen begangen. Zu wahren Volksfesten arten die Gedenktage der Kirchenheiligen aus; dann vermischt sich die tiefe Religiosität der Kroaten mit ihrer großen Lust an Musik, Tanz, gutem Essen und Wein. Kroatiens Tourismusverbände haben einige der traditionellen Feste aufgegriffen und zu reizvollen Veranstaltungen aufgebaut, bei denen lokale Musik und Tänze vorgeführt werden. Daneben werden immer mehr ›Festivals‹ organisiert: Ob Klassik oder Popmusik, ob Opern- oder Filmabende – in den Sommermonaten ist stets irgendwo etwas los.

Feiertage

6. Januar: *Sveta tri Kralja* (Heilige Drei Könige, Epiphanias)
1. Mai: *Praznik rada* (Tag der Arbeit)
30. Mai: *Dan državnosti* (Nationalfeiertag)
22. Juni: *Dan antifašisticke borbe* (Tag des antifaschistischen Kampfes)
5. August: *Dan zahvalnosti* (Danksagungstag)
15. August: *Vela gospa* (Maria Himmelfahrt)
1. November: *Svi sveti* (Allerheiligen)
25./26. Dezember: *Božić* (Weihnachten)

Volksfeste

Februar
Karneval in Opatija und Rijeka. Vor allem der *Riječki Karneval* ist wegen seiner schönen Masken berühmt. Die *zvončari,* wilde Gesellen in Tiermasken, treiben die bösen Geister aus der Stadt. Zum Abschluss wird der *pust,* eine Strohpuppe, verbrannt.

Juni
Dan Huma: Die Stadt Hum wählt traditionell am 2. Samstag im Juni den Bürgermeister – Anlass zu einem fröhlichen Stadtfest.
Blagdan Svetog Vida: Gračišće feiert seinen Stadtpatron, den hl. Vitus, mit einem urigen Eselsrennen am 15. Juni.
Festival Istrakon: Pazin erinnert an Jules Verne, dessen Romanhelden in herrlichen Kostümen die mittelalterlichen Gassen bevölkern.

Juli
Labiner Konti: Mitte Juli feiert Labin mit traditionellen Tänzen und Musik ein Folklorefest.
Jakovlja: In Kanfanar, nahe Rovinj, am 25. Juli mit einem Ochsenmarkt und viel Musik. Hier kann man auch den istrischen ›Dudelsack‹ *mih* hören.

August
Trka na prstenac: mittelalterliche Ritterspiele in Barban. Die Reiter

Piratenfest in Lošinj

müssen in rasendem Galopp einen Ring mit dem Speer aufspießen.

Bartulja: Patronatsfest in Žminj am letzten Augustsamstag. Zum traditionellen Viehmarkt kommen die Bauern der ganzen Umgebung.

September

Mala Gospa: Die Stadt Njivice auf Krk zeigt Trachten, Musik und Tänze der Insel.

Oktober

Marunada: Lovran feiert die Maronen (Esskastanien) und deren vielseitige Verwendung.

Bjela nedelja: in Kastav, unweit Lovran, fließt der junge Wein *(belica)* in Strömen.

Festivals

Beim **Ljetne priredbe – International Festival** auf der Insel Krk zeigen Orchester, Theater- und Opern-Ensembles in historischen Bauten ihre Kunst (Juli/August).

Musikabende (Muzičke večeri) werden zwischen Mai und September auch im Dom der Stadt Osor auf der Insel Cres organisiert.

Ljetni klasični Festival, Pula: Im August bildet das Amphitheater in Pula den eindrucksvollen Rahmen für das Opernfestival mit zumeist namhaften Interpreten.

Grisia 2002, Rovinj: Beim Kunstfestival in Rovinj verwandelt sich die Grisia-Gasse, die Straße der Kunstgalerien, in der zweiten Augustwoche in eine Open-Air-Ausstellung, an der vom Amateur zum Profi-Maler jeder teilnehmen kann.

Istarsko kulturno leto: Der ›Istrische Kultursommer‹ ist ein Festival mit Musik, Sport und Folklore, das im Juli/ August in touristischen Zentren wie Umag, Novigrad, Poreč, Rovinj und Pula stattfindet.

Markttage

Besonders malerisch sind die meist monatlichen Markttage *(sajam)*: in Buzet am 3. Donnerstag, in Pazin am 1. Dienstag, in Motovun am 3. Montag; in Vodnjan am 1. Samstag eines jeden Monats.

Essen & Trinken

Die Küche Istriens und des Kvarner ist deutlich vom Nachbarland Italien beeinflusst. Doch Gnocchi und Fusi werden nicht nur anders geschrieben *(njoki, fuži),* sie haben auch einen ganz eigenständigen, typisch istrischen Geschmack. Deutlich sind die Grenzlinien zwischen fer deftig-bäuerlichen Küche im Landesinneren und einer mediterranen, von Fisch dominierten Küstenkost.

In den Restaurants findet man neben den lokalen Spezialitäten auch internationale Gerichte. Die südjugoslawische Küche ist mit *čevapčići, ražnići* oder *pljeskavica* nach wie vor vertreten, wurde in den letzten Jahren aber deutlich zurückgedrängt. In den ländlichen Lokalen, *konoba* oder *gostionica* genannt, ist das Angebot kleiner und von den Traditionen der jeweiligen Region geprägt.

Aber auch **Pizza** hat sich, vor allem als Snack zwischendurch, einen Platz auf dem kroatischen Speiseplan erobert. Und die **Hamburger** sind in Kroatien eine Synthese mit der bosnischen *pljeskavica* eingegangen. Zwischen zwei Semmelhälften gepackt, mit Tomaten und Gurken garniert, werden sie an ›Fast-Food‹-Ständen verkauft.

Essenszeiten sind normalerweise zwischen 12 und 15 Uhr und ab 18 Uhr. Die Kroaten selbst geben einem gehaltvollen Mittagsmahl den Vorzug und essen abends nur noch eine Kleinigkeit. Viele Restaurants in den Touristenregionen haben bis in den späten Abend durchgängig geöffnet.

Spezialitäten

Vorspeisen: Istrischer Schinken *(pršut)* serviert mit Schafskäse *(sir)* Oliven und Brot sind der typische Auftakt eines bäuerlichen Essens in den gemütlichen Kneipen des istrischen Hinterlands. Bei kühler Witterung kann man den gehaltvollen Eintopf **Maneštra** mit Speck, Bohnen bestellen. Der **Rižoto** (Risotto) wird im Frühjahr mit wildem Spargel, im Herbst mit köstlichen Trüffeln *(tartufi)* abgeschmeckt.

Hauptgerichte: Rind, Schwein, Lamm und Wild, als Gulasch, Braten oder im Backofen gegart, kommen in Begleitung hausgemachter Teigwaren auf den Tisch: mit **Njoki,** aus Kartoffelteig geformten Klöschen, oder **Fuži,** einer Art

Istrische Pilze

Die frisch gesammelten Steinpilze und Pfifferlinge Istriens sind von intensivem Aroma, unübertroffen aber sind die Trüffel, die zwischen September und November vor allem in den Wäldern um Motovun aufgestöbert und ausgegraben werden.

Kulinarisches Alphabet

pršut	luftgetrockneter Schinken	**njoki**	Gnocchi
sir	Käse	**divljač**	Wild
ovčji sir	Schafskäse	**riba**	Fisch
marinirane sardelice	marinierte Sardellen	**riba u soli**	Fisch im Salzmantel
maneštra	Gemüseeintopf	**riblja juha**	Fischsuppe
fuži	Maultaschen	**lignja**	Tintenfisch
		jastog	Hummer
		palačinke	Pfannkuchen
		sladoled	Eis

Maultaschen. Stets verfeinern naturreine Zutaten und Kräuter die Speisen: Mit Olivenöl, Kapern, Knoblauch, Lorbeer und Thymian wird großzügig gewürzt. Im Herbst heben **Pilze** den Geschmack der Fleischgerichte.

Fisch bekommt man vor allem an den Küsten: Den frischen Fang des Tages präsentieren die Restaurants in einer Vitrine am Eingang. Da glotzen Hummer, Langusten, Drachenkopf, Zahn- und Goldbrassen oder Seebarsch die Gäste an. Mit viel Knoblauch über Holzkohlenfeuer gegrillt, im Salzmantel gebacken oder in Kapernsauce gedünstet – Fisch schmeckt immer wieder anders und stets delikat. Als Beilage wird meist mit Knoblauch gedünsteter Mangold serviert.

In Wein und Kräutern marinierte Sardinen werden häufig als Vorspeisen angeboten. Auch Miesmuscheln stimmen auf den Hauptgang ein; wer's reichhaltiger mag, bestelle ein Risotto mit Meeresfrüchten, Muscheln oder Scampi oder eine Lasagne mit Hummer. Pfahlmuscheln *(datteri)* stehen unter Naturschutz, trotzdem werden sie hinter vorgehaltener Hand als besondere Spezialität angeboten – verzichten Sie der Umwelt zuliebe auf diesen Genuss!

Fisch wird fast überall nach Gewicht verkauft (1 kg 200–350 Kn). Man sollte bei der Bestellung deutlich sagen, wieviel man essen möchte, sonst droht mit der Rechnung eine böse Überraschung.

Getränke

Neben Mineralwasser, *mineralna voda,* und den internationalen Soft-Drinks bekommt man *pivo,* das heimische Bier, vom Fass gezapft oder in Flaschen serviert; internationale Marken sind deutlich teurer. Da der **Weinbau** in Istrien eine lange Tradition hat, sollte man sich die guten Tropfen nicht entgehen lassen: **Malvazija** ist der am weitesten verbreitete, fruchtige Weiße, der zumeist auch offen ausgeschenkt wird; **Teran** heißt sein rotes, schweres Pendant. Daneben gibt es ausgezeichnete Flaschenweine. Berühmt ist der preisgekrönte Weißwein von Krk, **Zlata žlahtina**, den man in den Kellereien von Vrbnik erwerben kann.

Ein Glas Schnaps beschließt traditionell das gute Essen: die aus Pflaumen gebrannte **Šljivovica** oder das kroatische Pendant zum Grappa, die **Lozovača.**

Sport & Freizeit

Badebucht in Rabac

Baden & Strände

Die Küste ist fast durchgehend felsig und gelegentlich von kleinen Kiesbuchten unterbrochen. Dies sorgt dafür, dass das Wasser stets glasklar und sauber ist. Richtige Sandstrände gibt es nur um Lopar (Insel Rab). Durch betonierte Plattformen, von denen Treppen und Leitern ins Meer führen, ist der Einstieg ins Meer trotz der Felsen problemlos möglich; wer es vorzieht, an naturbelassenen Küstenabschnitten zu baden, sollte Badeschuhe anziehen.

Wassersport

Über und unter Wasser kann man sich den ganzen Tag vergnügen: **Tretboote** leihen, in Aquascootern übers Meer flitzen, in Kajaks durch die Buchten gleiten oder auf **Bananas** reiten: Das sind lange gelbe Schlauchboot-ähnliche Rollen, auf denen man zu mehreren mit dem Boot übers Wasser gezogen wird. Entsprechende Wassersportzentren gibt es an an allen größeren Stränden oder Badeanlagen.

Wer das **Windsurfen** lernen will, findet in der Kvarner Inselwelt ideale Bedingungen und professionelle Surf-Schulen. Ideal für Anfänger ist die vor gefährlichen Strömungen geschützte Ĉikat-Bucht auf Lošinj, wo es eine deutschsprachige Surfschule gibt (Infos unter www.sunbird.de).

Auch **Wasserski** wird angeboten (mit Motorbooten), in Poreč gibt es sogar eine Wasserski-Seilbahn, mit der man sich übers Wasser ziehen lassen kann.

Die felsige Küste ist ein hervorragendes Revier zum Schnorcheln und **Tauchen.** Neben der reichen Unterwasserflora und -fauna können erfahrene Taucher auch die Wracks zahlreicher gesunkener Schiffe durchstöbern. Tauchschulen gibt es in fast jedem Küstenort.

Aktiv-Urlaub

Tennis: Die meisten Hotelanlagen besitzen eigene Tennisplätze. Kroatiens Tennis-Zentrum ist die Stadt Umag. Hier finden jedes Jahr die Croatia Open statt. Zahlreiche Veranstalter bieten kombinierte Tennis- und Badeferien an.

Mountainbiking: Feldwege und Regionalstraßen eignen sich auch hervorragend fürs Fahrradfahren, wobei man recht konditionsstark sein muss, um die teils steilen Steigungen im Inland zu überwinden. Räder werden in großen Hotelanlagen oder an den Stränden verliehen. Gute Mountainbikes gibt es z. B. in Opatija, wo ein junges Team sogar Routen mit Höhenprofilen ausarbeitet (s. S. 56).

Wenn dies noch nicht reicht, kann man bei der Grotte Baredine einen abenteuerlichen **Höhlenausflug** in die unterirdische Welt des Karstes mitmachen (s. S. 56). Oder in der üppig-grünen Küstenlandschaft um den Künstlerort Lovran **Malkurse** belegen oder sich von einem Kundigen **Heilkräuter** und Beeren Istriens erklären lassen (s. S. 48). Man kann **Drachenfliegen** und vom Učka-Gipfel Vojak über die Hügel Istriens segeln oder **Freeclimbing** an den Felswänden der Ćićarija trainieren.

Segeln

Passionierte Segler zählen die kroatische Adria mit ihren unzähligen Inseln zu den schönsten Revieren Südeuropas. Eine ausgezeichnete Infrastruktur mit modernen Marinas paart sich mit paradiesisch unberührter Natur. Viele Badebuchten sind nur vom Meer her zugänglich, dort kann man ungestört den Tag vertrödeln.

Wer kein eigenes Boot besitzt, kann ein Schiff mieten; dazu findet man eine breite Palette von Ausflugsfahrten, die einige Stunden bis mehrere Tage dauern.

Wandern

Gewandert wurde in Istrien und im Kvarner schon immer; heute bemühen sich alle lokalen Tourismusverbände darum, die alten Eselspfade zu beschildern und sie instand zu halten. Besonders auf den Inseln ist ein Netz herrlicher Wanderwege entstanden, die durch Macchia und aromatisch duftende Wälder verlaufen und fast stets an einer idyllischen Badebucht enden. Eine der schönsten Touren Istriens führt auf den 1396 m hohen Gipfel des Učka-Gebirges; wer's gemächlicher mag, kann auf dem 12 km langen Uferweg von Opatija nach Lovran spazierengehen. Übersichtskarten gibt es in den regionalen Tourismusbüros.

Für Kinder

Sandburgenbauen fällt in Kroatien weg; dafür können sich die Kleinen aber stundenlang damit beschäftigen, zwischen den Felsen Krebse und Fischchen zu jagen, Kieselsteine übers Wasser springen zu lassen oder zu Schnorcheln. Die großen Hotelanlagen organisieren Ausflüge oder Unterhaltungsprogramme für Kinder; auch Mini-Clubs gibt es inzwischen in großer Zahl. Ein spezielles Familienhotel mit ganztägiger Betreuung, Fahrradausflügen, Piratenfesten, Schnuppertauchen etc. für die kleinen Gäste gibt es auf der Insel Katarina (s. S. 81).

Istrien sportlich

Die ganze Vielzahl sportlicher Aktivitäten und deren Organisatoren hat der istrische Fremdenverkehrsverband in der Broschüre »Istra Sport« zusammengefasst.

Sprachführer

Amts- und Verkehrssprache ist das Kroatische, das in Istrien und Kvarner durch zahlreiche italienische Lehnwörter bereichert ist. Die meisten Menschen sprechen auch Italienisch, viele Deutsch, sei es, weil sie in Deutschland gelebt und gearbeitet haben, sei es durch den Kontakt zu Touristen. Die Verständigung ist selten ein Problem.

Einige Ausspracheregeln
Manche Namen und Worte erscheinen dem Fremden nahezu unaussprechlich. Da reihen sich Konsonanten ohne Vokal aneinander (Krk) oder ein j am Wortende macht den Begriff zum Zungenbrecher (Lošinj). Ganz korrekt wird kein Nicht-Slawe diese Worte betonen können, aber als kleine Hilfestellung sei Folgendes empfohlen: Wer die Konsonanten nicht scharf und abgehackt, sondern weich und stimmhaft spricht, wird schon bald aus Krk ein Kerk zaubern; und wer nj einfach vertauscht und daraus ein jn formt, spricht Lošinj schon fast aus wie ein Einheimischer. Das Kroatische kennt mehrere Sonderzeichen, die folgendermaßen ausgesprochen werden:

š entspricht deutschem sch
ž entspricht deutschem dsch
č entspricht deutschem tsch
ć entspricht deutschem tch

außerdem gilt:
c wie z und z wie s!

Zahlen

0	nula	17	sedamnaest
1	jedan	18	osamnaest
2	dva	19	devetnaest
3	tri	20	dvadeset
4	četri	30	trideset
5	pet	40	četrdeset
6	šest	50	pedeset
7	sedam	60	šezdeset
8	osam	70	sedamdeset
9	devet	80	osamdeset
10	deset	90	devedeset
11	jedanaest	100	sto
12	dvanaest	200	dvjesto
13	trinaest	1000	tjsuća
14	četrnaest	2000	dvije tjsuće
15	petnaest		
16	šestnaest		

Zeitbegriffe

Sonntag	nedjelja
Montag	ponedjelak
Dienstag	utorak
Mittwoch	srijeda
Donnerstag	četvrtak
Freitag	petak
Samstag	subota
heute	danas
gestern	jucer
morgen	sutra
wann	kada
langsam	lagano
schnell	brzo
Morgen	jutro
Nachmittag	popodne
Abend	večer
Nacht	noć

Einkaufen und Essen

gut	dobro
schön	ljepo

Die wichtigsten Sätze

Ich habe einen Unfall / Panne. Imam nesrećo / kvar.
Wo ist … nächste Arzt / Krankenhaus / Polizei? Gdje je najbliži … zubar / bolnica / policija?
Wo ist der Bahnhof / Flughafen? Gdje je kolodvor / aerodrom?
Wo ist das Hotel …? Gdje je hotel …?
Haben Sie ein freies Zimmer / Doppelzimmer? Imate li slobodno sobo / dvokrevetnu sobo?
… mit Toilette? … s zahodom?
Wieviel kostet das Zimmer? Koliko stoji soba?
Bezahlen bitte! Platiti, molim!

wieviel	koliko
viel	mnogo
zu teuer	preskupo
wenig	malo
genug	dosta
Geld	novac
Speisekarte	jelovnik
Frühstück	doručak
Mittagessen	ručak
Abendessen	večera
Rechnung	račun
Kreditkarte	kreditna kartica
Markt	tržnica
Apotheke	ljekarna

Begrüßungs- und Höflichkeitsformeln

Guten Tag	Dobar dan
Guten Abend	Dobro veće
Auf Wiedersehen	Do vidženja
hallo/tschüss	bog
bitte	molim
danke	Hvala
Keine Ursache	Nema na čemu
Verzeihung	Oprostite
ja	da
nein	ne
Guten Appetit	dobar tek
Prost	Na zdravlje
Wie geht's	Kako je
Herr	gospod
Frau	gospodža
Deutschland	Njemačka
Österreich	Austrija
Schweiz	Švajcarska
Ich verstehe nicht	Ne razumijem

Unterwegs

rechts	desno
links	lijevo
geradeaus	ravno
Straße	ulica, cesta
Auto	auto
Reifen	guma
Öl	ulje
Autowerkstatt	radionica
Tankstelle	benzinska stanica
Wo ist …	Gdje je …
Hafen	luka
Fähre	trajekt
Fahrrad	bicikl

In der Stadt

Museum	muzej
Kirche	crkva
Stadtplan	plan grada
geöffnet	otvoreno
geschlossen	zatvoreno
Zimmer	soba
Hotel	hotel
Touristeninformation	turistička informacija

Auskunft

Kroatische Zentrale für Tourismus (HTZ):

... in Deutschland
Kaiserstr. 23
60311 Frankfurt
Tel. 069/25 20 45
Fax 069/25 20 54
E-Mail: KZST@gmx.de

... in Österreich
Operngasse 5
1010 Wien
Tel. 01/585 38 84
Fax 01/585 38 84 20
E-Mail: office@kroatien.at

... in der Schweiz
Die Büros in Deutschland und Österreich betreuen auch Anfragen aus der Schweiz.

Istrien ist auch mit einem eigenen Büro vertreten:
Tourismusverband der Region Istrien
Bayerstr. 24
80335 München
Tel. 089/54 37 04 80
Fax 089/54 37 04 81
E-Mail: istrien-info@t-online.de

... im Internet:
Fast jede Stadt präsentiert ihr Angebot im Internet (Adressen s. bei den jeweiligen Orten).
www.istra.com Allgemeine touristische und Hintergrundinformationen über die Region Istrien und Kvarner Bucht
www.htz.hr Info-Site des kroatischen Fremdenverkehrsamtes
www.tours.hr Ferienwohnungen und organisierte Touren

Weitere Infos zur Reisevorbereitung über die ›Reiselinks‹ bei www.dumontreise.de

Behinderte

Behinderte können in Istrien problemlos reisen; bei Schwierigkeiten hilft immer jemand weiter. Allerdings sind die zumeist felsigen Strände nicht ideal, denn der Weg ins Wasser kann sehr rutschig und unbequem sein. Die modernen Hotels sind mit behindertengerechten Zimmern und Einrichtungen ausgerüstet.

Reisezeit

Hauptreisezeit sind die Sommermonate Juli und August, in denen es trotz der großen Hitze selten unangenehm warm ist, denn der stetig wehende Wind und schattige Pinien- und Kiefernhaine entlang der Küste sorgen für Abkühlung. Besichtigungen oder Wanderungen werden in dieser Zeit jedoch schnell zur Qual. Da dann auch die einheimischen Urlauber unterwegs sind, muss die Unterkunft rechtzeitig reserviert werden, und die Strände sind entsprechend voll.

Die sicherlich angenehmste Saison sind Frühjahr und Herbst. Ab März trägt das Land sein schönstes Blütenkleid, und milde Temperaturen laden zu vielerlei Aktivitäten ein. Bereits im Juni kann man auch schon Baden; mit Temperaturen über 20°C ist das Meer warm genug und zugleich erfrischend – und die Küste ist menschenleer. Im Herbst häufen sich die Feste zur Ernte von Maronen, Wein oder Trüffeln. Pilze und Wild bereichern die Speisekarten und das Laub kleidet die Landschaft in ein gold-rotes Kleid. Und bis in den Oktober hinein ist die Adria warm genug zum Baden.

Besondere klimatische Bedingungen entstehen durch die Winde Bora und Tramontana. Die von Nordost wehende Bora fegt zwar den Himmel sauber; ihre starken Stöße sind aber von Seeleuten wie Autofahrern an exponierten Stellen gefürchtet. Der Tramontana (auch Jugo) bringt meist schwül-heiße Luft von Süden; in seinem Gefolge kann es zu Gewittern oder Regenfällen kommen.

Einreise

Zum Aufenthalt von bis zu drei Monaten benötigt man einen gültigen Reisepass oder Personalausweis (dann wird ein kostenloser Passierschein ausgestellt). Kinder brauchen einen eigenen Kinderpass oder müssen in den Dokumenten der Eltern eingetragen sein. Wer seinen Hund mitnehmen möchte, muss eine Tollwutimpfung nachweisen, die höchsten sechs Monate, mindestens aber 14 Tage zurückliegt. Es genügt der nationale Führerschein; die grüne Versicherungskarte muss für Kroatien gültig geschrieben sein.

Die Einfuhr von Gegenständen des persönlichen Gebrauchs ist unbegrenzt möglich. Fremdwährung darf ebenfalls ohne Einschränkung mitgeführt werden. Die Einfuhr der kroatischen Kuna ist auf 2000 Kn beschränkt.

Anreise

Mit dem Flugzeug

Internationale Flughäfen gibt es bei Rijeka und bei Pula, wobei im Augenblick nur Pula täglich über Zagreb angeflogen wird; in den Sommermonaten gibt es Direktflüge der Croatia Air von Düsseldorf. Auskunft erteilt Croatia Airlines, Klingerstr. 25, 60313 Frankfurt, Tel. 069/92 00 52 16, www .croatiaairlines.com.

Mit der Bahn

Direkt nach Rijeka bzw. Opatija geht's von Deutschland aus mit dem Nachtzug München – Ljubljana mit Kurswagen nach Rijeka (nur Juli/August); die Fahrt dauert etwa neun Stunden.

Autoreisezüge verkehren bis ins österreichische Villach. Auch für österreichische Reisende ist die Bahnstrecke über Ljubljana die günstigste.

Von der Schweiz aus empfiehlt sich die Anreise über Triest und dann weiter über das slowenische Koper nach Kroatien.

Mit dem eigenen Auto

Die schnellste und bequemste Verbindung führt über Salzburg, die Tauern-Autobahn nach Villach und weiter entweder über Ljubljana/ SLO nach Rijeka oder über Udine, Triest und Koper/SLO, wo man je nach Ziel entweder in Richtung Rijeka fährt oder der Küstenstraße folgt.

Fähren auf die Inseln: Zu den Inseln des Kvarner Golfes gelangt man von Brestova mit der Autofähre nach Cres und weiter nach Lošinj, oder man fährt über die Tito-Brücke südlich von Kraljevica auf die Insel Krk oder von Jablanac aus per Fähre nach Rab. Die Inseln untereinander sind ebenfalls durch Autofähren verbunden, die in der Hauptsaison häufig verkehren: www.jadrolinija.tel.hr.

Unterwegs in Istrien und Kvarner

Mit dem Bus

Ein hervorragend ausgebautes, bequemes Busnetz verbindet die größeren Orte miteinander und führt auch auf die Inseln. Mit etwa 60 Kn / 100 km sind die Preise recht günstig, allerdings empfiehlt es sich, Plätze rechtzeitig zu reservieren.

Mit der Bahn

Gute Bahnverbindungen gibt es nur von den Nachbarländern nach Opatija/Rijeka. Inneristrische Strecken sind kaum vorhanden und werden nur selten befahren.

Mit dem Taxi

Taxis sind außerhalb der Großstädte und Touristenzentren eher rar. Sie sind stets mit einem Taxameter ausgestattet und relativ preiswert. Der Tarif für die Fahrt von Rijeka nach Opatija beträgt beispielsweise etwa 15 €. Eine Besonderheit der Inselwelt sind **Wassertaxen,** die Gäste an entlegene oder per Auto nicht zugängliche Buchten bringen oder Ausflugsfahrten unternehmen. Auch hier sind die Tarife recht preiswert, sollten aber im Voraus ausgehandelt werden.

Mit dem Leihwagen

Da Istrien und Kvarner von Deutschland, Österreich und der Schweiz aus bequem per Auto zu erreichen sind, werden die wenigstens einen Mietwagen brauchen. Alle internationalen Verleihfirmen sowie zahlreiche nationale Unternehmen sind in den Ferienorten vertreten. Günstige Tarife bei Buchung in Deutschland hat Holiday Cars/Budget mit einem dichten Filialnetz in Istrien und gut gewarteten Fahrzeugen. Ein Mittelklassewagen schlägt mit etwa 400 €/ Woche zu Buche.

Mit dem Auto/ Motorrad

Die Hauptstraßen sind sehr gut ausgebaut, und Kroatien tut alles, um auch Nebenstraßen auszubessern und zu verbreitern. Autobahn-Teilstücke führen um Rijeka herum und sollen in den nächsten Jahren mit Anschluss an die Autobahn Ljubljana – Postojna auch die An- und Abreise der Feriengäste bequemer gestalten.

Es gelten folgende **Geschwindigkeitsbeschränkungen:** Ortschaften 50 km/h, Landstraßen 80 km/h, Schnellstraßen 100 km/h, Autobahn 130 km/h. An diese Regeln hält sich allerdings kaum jemand – die Kroaten fahren schnell und neigen auch an unübersichtlichen Stellen zu riskanten Überholmanövern – daher sollte man sich stets defensiv verhalten. Bei **Unfällen** sollte man unbedingt die Polizei hinzuziehen und darauf bestehen, dass ein rechtsgültiges Protokoll angefertigt wird.

Auto- und Motorradfahrer, die an den kurvigen Gebirgs- und Küstenstraßen ihre besondere Freude haben, seien vor der Küstenmagistrale von Rijeka nach Süden gewarnt: Wenn die Bora weht, können die Windstöße jedes Fahrzeug aus der Bahn werfen, und bei Regen verwandelt sich der viel befahrene und stellenweise richtig abgeschliffene Belag in eine Rutschbahn. **Benzin** kostet ebensoviel wie bei uns, Diesel ist deutlich billiger.

Unterkünfte

Hotels

Viele der ehemals staatlichen Hotels in Kroatien wurden inzwischen privatisiert und renoviert. Die alte Einstufung in Kategorien (A, B, C) ist nur noch gelegentlich zu finden und wurde durch eine nach Sternen ersetzt, deren Vergabe strengen Kriterien folgt: Hinter einem Drei-Sterne-Hotel kann sich also eine sehr luxuriöse Unterkunft verbergen, der nur die Klimaanlage oder ein Personallift für den vierten Stern fehlt. Auch in einem Haus mit ›nur‹ zwei Sternen kann man perfekt untergebracht sein – schauen Sie sich vor dem Einzug stets das Zimmer an. Fünf-Sterne-Hotels gibt in Istrien kaum, ebenso auch keine einfachen Hotels mit einem Stern. Ein Doppelzimmer im Hotel für unter 60 € zu finden, ist daher in der Hochsaison nahezu unmöglich; günstige Unterkunft bieten nur die Privatzimmer.

Katalogbuchung: Am günstigsten fährt man mit einem Pauschalreiseveranstalter; die Preise in den Katalogen liegen deutlich unter jenen, die einem Individualgast abverlangt werden. Der Preisunterschied zwischen Übernachtung mit Frühstück und Halbpension ist meist minimal – entsprechend schmeckt das oft lieblos zubereitete Diner, oft gleicht der Speisesaal einer Kantine.

Tipps zur Individualbuchung: Einige Häuser besitzen sowohl alte als auch kürzlich umgebaute Gästeflügel. Der Unterschied im Komfort schlägt sich deutlich im Preis nieder. Man kann also in hochklassigen Hotels durchaus preiswert wohnen, wenn man ein Zimmer im noch nicht renovierten Trakt wählt. Die Preise variieren ebefalls stark, je nachdem, ob es sich um ein Hotel in den touristischen Hochburgen oder ein gleichwertiges Haus abseits des Rummels handelt. In Opatija bezahlt man für zwei Sterne gelegentlich mehr als im 8 km entfernten Ika für drei. **Preiskategorien:** s. Umschlaginnenseite.

Andere Unterkünfte

Privatzimmer sind eine kostengünstige Alternative zu den Hotels, als Gratiszugabe gibt's den Kontakt zu den Gastgebern, die immer bemüht sind, weiterzuhelfen und Tipps zu geben. Privatunterkünfte sind an den Straßen ausgeschildert, oft vermitteln die örtlichen Touristenbüros solche Unterkünfte.

Ferienwohnungen und Ferienhäuser, eine praktische Alternative für Familien, findet man im Internet unter www.istra.com.

Agrotourismus: In der vom istrischen Fremdenverkehrsverband herausgegebenen Broschüre »Agroturizam« sind ländliche Unterkünfte aufgeführt, die zumeist ein Stück von der Küste weg liegen und ihre Gäste mit heimischer Kost und allerlei Aktivitäten verwöhnen.

Leuchttürme: Eine ganz neue Attraktion: Wer mag, kann sich im Häuschen des Leuchtturmwärters auf einer Landzunge einquartieren. Das exklusive Vergnügen hat allerdings einen recht stolzen Preis. Einen Katalog gibt's bei Riva Tours, Neuhauser Str. 27, 80331 München, Tel. 089/231 10 00.

Camping: Vor allem die Kvarner-Inseln sind beliebt bei Campingtouristen – Wildcampen ist allerdings streng verboten. Gut ausgestattete Zeltplätze lassen keinen Wunsch offen, die Preise liegen um 5–6 € pro Person, 8 € für den Stellplatz und ebensoviel fürs Auto.

Orte

In kristallklarem Wasser schwimmen und schnorcheln, durch venezianische Hafenstädtchen bummeln oder Gebirgsdörfer erkunden, in denen gemütliche Gaststätten zur Rast bei bäuerlicher Kost und heimischem Wein laden – Istrien und die Inseln im Kvarner Golf locken mit reicher Geschichte und Kultur, mit unberührten Landschaften, mit vielfältigem Sport- und Freizeitangebot, besonders

on A-Z

aber mit einer Herzlichkeit, die in Südeuropa ihresgleichen sucht. Dieser Führer gibt Ihnen in kompakter und überschaubarer Form nützliche Tipps und ausgesuchte Adressen an die Hand, damit Ihre Reise zu einem unvergesslichen Erlebnis wird! Und dem, der in Istrien und der Kvarner Bucht Besonderes sehen möchte, seien die Extra-Touren empfohlen.

Orte von A–Z

Alle interessanten Orte und ausgewählte touristische Highlights auf einen Blick – alphabetisch geordnet und anhand der Lage- bzw. Koordinatenangabe problemlos in der großen Extra-Karte zu finden.

Brijuni

Lage: B 6
Vorwahl: 052
Extra-Tour 1: s. S. 84

Eine hübsche Legende rankt sich um die Entstehung des Brijuni- (auch Brioni-) Archipels: Als Gott ein Stückchen Erde nach dem Vorbild des Paradieses gestalten wollte, kam ihm der Teufel in die Quere, und das Ergebnis war das herbe Istrien. Die Engel jedoch wollten zumindest etwas von Gottes Werk retten: Sie schickten das Meer, das schützend den Rest des Paradieses auf Erden umflutete: das Brijuni-Archipel. Nur knapp 10 km vom Festland bei Fažana entfernt, dümpeln die 14 Inseln und Inselchen, umrahmt von weiß schimmernden Fels- und Kiesstränden in der Adria. Jugoslawiens Staatspräsident Tito war nicht der Erste, der die Schönheit und Abgeschiedenheit Brijunis für sich requirierte – vor ihm waren bereits römische Landjunker ansässig, und ab 1893 gehörten die Inseln dem österreichischen Industriellen Paul Kupelwieser, der einen florierenden Schicki-Micki-Tourismus aufzog. 20 Jahre später gab es bereits vier Hotels. 1947 löste Politprominenz den Adel ab. Tito residierte und empfing oft auf Brijuni, und Tudjman tat es ihm gleich. 1983 wurde das Archipel mit seiner vielfältigen Fauna und Flora unter Naturschutz gestellt, und heute können Besucher auf organisierten Touren die Inselwelt genießen oder, wenn sie sehr betucht sind, in einem der Hotels absteigen.

Auf eigene Faust kann man Brijuni leider nicht besichtigen, und die geführten Touren zeichnen sich vor allem durch Lieblosigkeit und Hast aus. Schade, denn man könnte wirklich viel sehen, wenn man dürfte!

Veli Brijun: Die Touristen-Elektrobahn durchquert rasant den Safaripark (bestückt mit Tieren, die Tito als Geschenke bei Staatsbesuchen erhalten hatte), passiert ein byzantinisches Castrum und die Ruinen einer römischen Villa aus dem 1. Jh., stoppt am Archäologischen Museum und lässt Zeit zur Besichtigung der Ausstellung »Tito auf Brioni«. Das Ganze dauert vier Stunden (ab/bis Fažana) und schlägt mit stolzen 20 €/Person zu Buche. Wer wirklich etwas sehen will, bucht besser ein Zimmer in den Hotels.

Sightseeing
Museum
Baden
Sport & Freizeit
Ausflüge
Information
Hotels
Restaurants
Shopping
Nightlife
Feste
Verkehr

Golf: 9-Loch-Platz auf Veli Brijun, Reservierung über die Hotels.

Reservierung und Auskunft: Tel. 52 58 07, Fax 52 13 67, E-Mail: np-brijuni@pu.tel.hr, www.np-brijuni.hr.

Neptun-Istra: Tel. 52 51 00, Luxus. Sozialistisch-bombastisch, aber hoch-luxuriös.
Villa Primorka: Reservierung über Brijuni-NP (s. Information), Luxus. Zum Preis von 1000 €/Tag können acht Gäste in der Villa übernachten. Fahrräder gibt's gratis.

Fähren alle zwei bis drei Stunden ab Fažana. Das Auto kann man auf dem bewachten Parkplatz stehen lassen.

Buzet

Lage: C 3
Vorwahl: 052
Einwohner: 500
Extra-Tour 4: s. S. 90

In der fruchtbaren Landschaft Mittelistriens thront das alte Buzet zu Füßen des Ćićarija-Massivs auf einem 150 m hohen Hügel, während sich im Tal die modernen Wohnblocks und Fabriken der Neustadt Fontana ausbreiten. Die Stadt teilte das wechselhafte Schicksal Istriens – von den Römern besiedelt, danach Byzanz, den Karolingern und schließlich dem Patriarchat von Aquilea untertan, wurde es unter venezianischer Herrschaft zur Festung ausgebaut, die wiederholt türkischen Attacken standhalten musste.

Altstadt: Zwei Stadttore aus dem 16. Jh. führen ins alte Ortszentrum mit der Marienkirche, der Loggia, mehreren prunkvollen Adelspalästen und einem barocken Brunnen. Ein zweiter Platz mit der Kirche St. Georg (crkva Sv. Juri) liegt etwas unterhalb und zeigt die Aufteilung der Wohnviertel nach Ständen, denn hier sind Architektur und Dekor der Häuser wesentlich schlichter als ›oben‹ bei den Reichen.

Im **Heimatmuseum** (Zavičajni muzej) auf dem Hauptplatz, tgl. 9–12.30 Uhr, Do 16–18 Uhr, wird traditionelles Handwerk vorgestellt.

Roč: 8 km von Buzet entfernt überblickt die Festungsstadt das Tal der Mirna. Benannt nach dem hl. Rochus, der als Pestheiliger verehrt wird, war das Städtchen ein wichtiges Zentrum der kroatischen Christen. Zahlreiche Tafeln mit Glagolica-Inschriften wurden hier gefunden. Auf dem Hauptplatz steht zwischen aus dunklem Bruchstein erbauten Häusern die Kirche des Stadtpatrons, im Inneren mit Fresken aus dem 14. Jh. ausgestaltet.
Allee der Glagoliter: Von modernen Skulpturen gesäumt, führt ein schattiger Spazierweg hinüber ins 6 km entfernte Hum. 1977 wurde diese ›Allee‹ eingerichtet, um an die Blütezeit altkroatischer Kultur und Nationalbewusstseins zu erinnern.
Hum: Die 17 verbliebenen Einwohner der »kleinsten Stadt der Welt« lassen es sich bis heute nicht nehmen, jedes Jahr einen Bürgermeister zu wählen – Anlass zu einem urigen und feucht-fröhlichem Fest. Eng aneinandergebaut bilden die Häuser des äußeren Siedlungsringes noch heute einen eindrucksvollen Befestigungswall, der durch die Stadtmauer und zwei Türme verstärkt wird. Auch der Campanile neben dem Stadttor gibt sich mit seinem Zinnenkranz sehr wehrhaft.
Mlini: Direkt vor dem Grenzübergang nach Slowenien führt eine Straße nach links den Berg hinunter in ein Tal zu Füßen der Ćićarija. Hier liegt der Weiler Mlini, benannt nach einer Wassermühle *(mlin)*, die heute zwar nichts mehr zu mahlen hat, aber idyllisch über einen plätschernden Bach steht.

Turistička zajednica: Buzet, Trg Fontana 7, Tel. 66 23 43, www.istra.com/buzet/cro.

Fontana: Buzet, Trg Fontana 1, Tel. 66 24 26, Fax 66 34 23, moderat. Modernes Mittelklassehotel im neuen Ortsteil von Buzet.

Most: Buzet, Most 18, Tel. 66 28 67, moderat. Gulasch, Wild und Lamm in einem freundlichen Gasthaus an der Mirnabrücke.
Humska Konoba: Hum 2, Tel. 66 00 05, moderat bis teuer. Nach Fuži mit Trüffeln oder der deftigen Maneštra räumt der Mistelschnaps Biska den Magen auf. Istrische Schlachtplatte um 50 Kn.
Ročka Konoba: Roč, Tel. 66 64 51, moderat. Uriges Kellerlokal auf dem Hauptplatz mit allen Köstlichkeiten, die Istriens Natur hervorbringt.
Mlini: Ugrini Mlini 44, Tel. 66 90 57, moderat bis teuer. In der gemütlichen Konoba neben der Wassermühle gibt's istrische Spezialitäten wie Lamm aus dem Backofen, Pilze, Wild und in der Saison natürlich Trüffel. Da alles frisch zubereitet wird, empfiehlt es sich, das Essen vorzubestellen.

›Weinstraße‹: Hinweisschilder führen zur *Vinska cesta Buzeštine,* zu Winzern und Kellereien, wo man den schweren Merlot oder den leichten Malvazija verkosten und kaufen kann.

Im Juni versammeln sich die Bewohner von Hum, um auf recht eigenwillige Art ihren Bürgermeister zu wählen. Stellvertretend für jeden Kandidaten wird ein Stück Holz bereitgelegt, in das die Stimmberechtigten dann eine Kerbe schnitzen – wer die meisten Kerben hat, ist Bürgermeister. Dabei wird natürlich reichlich gegessen und getrunken.

So ruhig geht es am Hafen der Inselhauptstadt Cres nicht immer zu

Busse: Zwischen den kleinen Orten bestehen zwar Busverbindungen; besser aber kann man die Region mit dem eigenen Wagen erkunden.

Cres

Lage: E 5–F 8
Vorwahl: 051
Einwohner: 3000
Extra-Tour 3: s. S. 88

Lang und schmal schirmt die Insel Cres mit ihrer kleinen Schwester Lošinj die Kvarner Bucht gegen die offene Adria ab. Von Nord nach Süd sind's 68 km, die allerdings auf stets kurvigen, bergauf und bergab führenden, schmalen Straßen nicht schnell genommen werden können. Dafür kann man die herbe, mit Macchia bewachsene Insel in ihrer ganzen gemächlichen Schönheit genießen, in ländlichen Gasthöfen absteigen, an weiten Kies- und Felsstränden baden und sich an den Düften berauschen, die Wacholder, Rosmarin, Ginster und Oleander verströmen.

Beli: Nur noch ein paar Menschen leben in dem 130 m über dem Meer thronenden, alten Ort an der Nordostküste; laut wird es hier erst, wenn die Feriengäste den Campingplatz beim Hafen Podbeli mit Leben erfüllen. Dann öffnet auch die Ausstellung über die Gänsegeier im Öko-Zentrum ›Caput Insulae‹ ihre Tore. Etwa 50 Paare des großen, eleganten Vogels nisten auf Cres und ziehen hier ihre Jungen groß. Da die Geier auf lange Wanderschaften bis nach Griechenland und Sizilien gehen, überleben nur wenige die ersten, anstrengenden Jahre ihres Lebens.
Cres: Die Inselhauptstadt an einer tiefen Bucht an der Westküste ist mit 2500 Einwohnern zugleich der größte Ort. Venezianische Häuser in Pastellfarben bilden eine bunte Kulisse um das Hafenbecken Mandrać, Cafés und Geschäfte werden mindestens ebenso von Einheimi-

Ökologie und Kultur

Eine interessante Wanderung führt vom Zentrum in Beli nach Osten bergab und trifft alsbald auf die erste von mehreren entlang des Weges aufgestellten Skulpturen des Künstlers Ljubo de Karina. Kurz darauf wird die römische Brücke erreicht. Auf der alten römischen Straße passiert man eine Fledermaushöhle und mehrere verlassene Hirtensiedlungen. Im Öko-Zentrum Caput Insulae kann man sich die Arbeit mit den Gänsegeiern zeigen lassen: Verletzte Tiere werden in einem speziellen ›Hort‹ aufgepäppelt (Tel. 84 05 25 oder www.caput-insulae.com). In den Sommermonaten finden hier auch naturkundliche Camps statt. Trockenmauern, *gromače,* begrenzen den weiteren Weg. Vorbei an einer zweiten Höhle und einem mit Wasser gefüllten Karstloch erreicht man nach 2,5 Std. wieder Beli.

schen wie von Touristen frequentiert. Im Schatten der Loggia neben dem Uhrturm verkaufen Bäuerinnen Obst und Gemüse, dahinter führen schmale Gassen durchs Zentrum und zur Kirche Sv. Marija Snežnja (15./16. Jh.). Am Stadtrand birgt das Franziskanerkloster aus dem 13. Jh. einen stillen romanischen Kreuzgang.

Valun: Am tiefsten Punkt der schmalen Valuner Bucht stehen ein paar alte Häuser zwischen zwei herrlichen Kiesstränden. Die Kirche birgt einen kleinen Schatz: Die Valunska Ploča, eine Steintafel mit glagolitischer Inschrift aus dem 11. Jh. Das Interesse an der altkroatischen Schrift macht sich auch Valuns berühmte ›Konoba Toš‹ zunutze; eine Kopie verschiedener Inschriften ziert seine Terrasse.

Lubenice: Auf einer überaus malerischen Straße durch winzige Dörfer und Felder, vorbei an aus Bruchsteinen errichteten Trockenmauern und Unterständen fürs Vieh, erreicht man die wenige Kilometer von Valun entfernte Siedlung in 378 m Höhe, deren Wurzeln angeblich 4000 Jahre zurückreichen. Heute wirkt das weitgehend verlassene Dorf wie eine Filmkulisse. Vor dem Kirchlein laden Holzbänke und -tische der ›Konoba Ložja‹ zur Rast und zum Shopping – denn hier gibt's Wein, Schnaps und Olivenöl zu kaufen.

Martinšćica: Einst ein Fischerdorf, heute ein wichtiges Ferienzentrum am weiten Kiesstrand. Außer der Kirche Sv. Martin (16. Jh.) ist Historisches hier kaum noch erhalten – dafür finden Aktivurlauber und Sonnenhungrige Appartements, Zimmer, einen komfortablen Campingplatz und ein vielfältiges Sportangebot.

Vransko jezero: Der Vranasee ist ein geologisches Phänomen: 60 m tief unter den Meeresspiegel reichend bezieht er das Wasser aus mehreren Süßwasserzuflüssen, die aus den umliegenden Karstbergen in den See einfließen und versorgt Cres und Lošinj mit dem wertvollen Nass. Die Region ist Naturschutzgebiet und darf nicht betreten werden.

Osor: Die mittelalterliche Stadt an

der Nahtstelle zwischen Cres und Lošinj war bis zum 15. Jh. einer der wichtigsten Häfen des Kvarner – aber davon ist in den stillen Gassen heute nichts mehr zu spüren. Leben zieht in Osor ein, wenn Künstler im Sommer zu den Musikabenden ihr Können zeigen. Dann hallt klassische Musik von den grauen, steinernen Fassaden des Rathauses und des Bischofspalastes wider, und die im Ort aufgestellten Skulpturen kroatischer Künstler scheinen unter so viel Harmonie und Wohlklang aus ihrer Erstarrung zu erwachen.

Einsam und idyllisch ist der Kiesstrand bei **Podbeli** nur außerhalb der Saison; aber auch im Juli und August findet sich noch ein freies Plätzchen. Die Bucht von **Valun** mit ihrem Kontrast von frischem Grün und weißem Kies ist besonders schön, gelegentlich treibt die Strömung aber auch allerlei Abfall herein. **Martinšćica** mit seinem Kiesstrand ist ideal für Touristen, die aus dem Vollen schöpfen wollen – hier gibt's das größte Freizeitangebot. Und die Strände bei **Cres** bieten eine ideale Kombination von Stadtleben und Erholung.

Tauchen: Diving Cres, Autocamp Kovačine, Tel./Fax 57 17 06.
Unter sympathischer Leitung werden Tauchkurse angeboten und Exkursionen organisiert.
Fahrradfahren: Mountainbiker werden an den schmalen, teils steilen Straßen und an den von Trockenmauern begrenzten Feldwegen ihre Freude haben. Vorschläge für Fahrrad- und Wandertouren auf Cres und Lošinj enthält das Buch »Cres & Lošinj« von Nadir Mavrović, das man im Tourismusbüro kaufen kann.

Lošinj: s. S. 45ff.
Krk: s. S. 37ff.

Turistička zajednica Cres: Riva Creskih Kapetana, Tel./Fax: 57 15 35, www.kvarner.hr/grad-cres.html.

Privatzimmer, Bungalows und Appartements vermitteln das Touristenbüro und die Agentur Cresanka, Tel. 57 11 61, Fax 57 11 63.
Gostionica Beli: Beli, Tel. 84 05 19, billig. Einfache Gästezimmer.
Kimen: Melin I br.16, Tel. 57 11 61, Fax 57 11 63, moderat.
Große Hotelanlage, umgeben von schattigem Grün und mit schönem Fels- und Kiesstrand.

Camping
Kamp Kovačine: 2 km von der Inselhauptstadt, Tel./Fax 57 14 23.
Platz für 2000 Camper, ein Teil ist FKK-Zone. Trotz der großen Dimensionen eine angenehme, komfortable Anlage mit gut gepflegten Sanitäranlagen, viel Schatten und schönem Strand.
Kamp Bradji: Podbeli, Tel./Fax 84 05 22.
Einfacher, sympathischer Campingplatz an der Nordostküste.

Na Moru: Valun, Tel. 52 50 56, moderat.
Hier gibt's neben Fisch und Lamm kleine Pastagerichte und eine sehr zuvorkommende Bedienung.
Bukaleta: Loznati BB, Tel. 57 16 06, moderat.
In der ländlichen Idylle auf einem Hügel im Dorf Loznati dreht sich alles ums Lamm: Ob als Suppe, Braten, Eintopf – stets ist es aromatisch gewürzt und wird mit selbst gebackenem Brot serviert.

Toš: Valun, Tel. 57 11 61, teuer. Die berühmteste Konoba der Insel serviert istrische Spezialitäten und Fisch aus dem Backofen in einem schattigen Garten unter Kastanien.

Autofähre von Istrien nach Cres: Brestova – Porozina, ca. 30 Min.
Autofähre von Cres nach Krk, Merag – Valbiska, 30 Min.

Crikvenica

Lage: G 4
Vorwahl: 051
Einwohner: 7000
Extra-Tour 3: s. S. 88

Eingerahmt von Gebirgszügen und dadurch vor der Bora geschützt besitzt Crikvenica ein ideales Klima für den Bade- und Kururlaub; bereits 1888 eröffnete hier das erste Hotel an dem schönen Sand-/Kiesstrand, und noch heute ist der alte Palast eine der attraktivsten Unterkünfte der Stadt. Zwischenzeitlich sind natürlich noch zahllose weitere Hotels, Pensionen und Campingplätze dazu gekommen; Restaurants und Cafés säumen die mit Bäumen bepflanzte Uferpromenade, und in den Sommermonaten ist es schwer, einen Platz am Meer zu ergattern.

Aquarium: Vinodolska 8, Tel. 24 10 06, tgl. 9–20 Uhr. Neben den heimischen Vertretern aus der Adria gibt es auch einige exotische Gesellen aus der Welt der Korallenriffe zu sehen.

Ortsstrand: 2 km lang und sanft abfallend ist der Strand, größtenteils aus grobkörnigem Sand und Kies. Im benachbarten **Selce** locken kleine Felsbuchten.

Bootsausflüge: Exkursionen mit der ›M/B Kirica‹ führen hinüber nach Krk und zu einsamen Badebuchten, Info: Tel. 24 37 60.
Fahrradfahren: Der Tourismusverband gibt eine Karte mit Routenempfehlungen entlang der Küste und ins Landesinnere heraus.

Selce: Crikvenicas Nachbarort ist noch etwas ruhiger und liegt umgeben von dichtem Grün an einem felsigen Abschnitt der Küste.
Senj: Knapp 35 km nach Süden sind es in eine der ältesten Siedlungen Kroatiens, noch heute bewacht von der mächtigen Burg Nehaj. Die hervorragend restaurierte Festung (tgl. 9–14 Uhr, im Sommer auch 18–21 Uhr) wurde Mitte des 16. Jh. oberhalb der Stadt zur Abwehr der Türken erbaut; von ihr aus verteidigten die Uskoken, Flüchtlinge aus türkisch besetzten Gebieten, diesen Vorposten der christlichen Welt. Der runde ›Papstturm‹ (Leonova Kula) und das Frankopanenkastell (Kaštel) an der Vela placa am Hafen sind weitere Zeugnisse der bewegten Stadtgeschichte, die bis in illyrische Zeiten zurückgeht und über Römer, Frankopanen, Venezianer und Habsburger alle Arten von Eroberern und Kolonialherren über sich ergehen lassen musste.

Turistička zajednica: Trg Stepana Radića 1, Tel. 24 10 51, Fax 24 18 67.

Zahlreiche Appartements und Privatzimmer, Vermittlung über das Tourismusbüro.
Kaštel: Frankopanska 22, Tel. 24 10 44, Fax 24 14 90, teuer.

Istrische Stadtarchitektur

Hoch auf einer Hügelkuppe, am Rande eines Felsabfalls oder einer Schlucht erbaut, lässt die Lage der meisten istrischen Städtchen erkennen, dass die Menschen sich stets verteidigen und ihren Besitz schützen mussten. Ihre Anlage geht in vorrömische Zeiten zurück, als Illyrer die heute Kastellieri genannten Ringsiedlungen errichteten, deren Struktur trotz Zerstörung und Überbauung im Prinzip bis heute erhalten ist: Im Ortskern befindet sich der Hauptplatz mit der Pfarrkirche, dem Rathaus und der ›städtischen‹ Loggia, einer Versammlungshalle, in der die Bürger über Gesetze berieten. In einigen Städten steht auf dem Platz ein alter steinerner Tisch mit Steinstühlen, an dem Gericht gehalten und das Recht vollstreckt wurde. Das Ganze beschattet ein mächtiger Baum, die *ladonja.* Je nach Topografie ziehen sich die Gassen durch die Wohnviertel vom Hauptplatz entweder in konzentrischen Kreisen oder entlang einer Längsachse den Hügel hinab. Die Häuser bestehen aus dem Erdgeschoss, der *konoba,* wo Gerätschaften und Nahrungsmittel gelagert wurden, und dem Wohnbereich in der ersten Etage, zu der häufig eine Außentreppe hinaufführt. Der äußere Hausring ist zugleich Wehrmauer; in größeren Siedlungen wird er durch ein zusätzliches Bollwerk mit Stadttoren verstärkt. Manchmal findet man eine weitere Loggia vor dem Stadttor. Diese diente sozusagen als Verbindungsglied zwischen städtischem und ländlichen Leben, als Versammlungsplatz der bäuerlichen Anrainer, an dem diese ihren Ansprüchen und Rechten gegenüber der Stadt Geltung verschaffen konnten.

Romantische Unterkunft in der ehemaligen Stadtfestung.
Therapia: B. Buchoffer 12, Tel./Fax 24 15 11, teuer.
Schön im Park gelegen und sehr nostalgisch ist der Bau aus der k. u. k.-Zeit, Thalassotherapie.

Zahlreiche Pizzerien und Fischrestaurants entlang der Riva.
Lanterna: Dramalj, Gajevo šetalište 50, Tel. 78 61 96, moderat.
Nettes Fischlokal an der Uferpromenade des Nachbarortes Dramalj, das neben den Gaben des Meeres auch Fleisch vom Grill serviert.

Busse nach Rijeka und Senj.

Grožnjan

Lage: B 3
Vorwahl: 052
Einwohner: knapp 200
Extra-Tour 5: s. S. 92

Von der Hauptstraße Pula – Buje sieht man kurz vor Buje gleich mehrere Orte wie Festungen an der Hügelkette im Osten kleben. Der berühmteste ist Grožnjan, ein Künstlerdorf par excellence. Lange stand Grožnjan leer, seine Bewohner waren weggezogen und hatten die alten Häuser und Palazzi dem Verfall preisgegeben. Dann übernahmen Maler und Bildhauer das Regiment, Galerien und Ateliers wurden eröffnet. Im Ortsbild haben sie mit ihren Werken Akzente gesetzt, moderne Kunst harmonisch mit der alten istrischen Bausubstanz verbunden, die Innenhöfe mit bunt blühenden Pflanzen begrünt und so eine Idylle geschaffen, die nicht museal, sondern höchst lebendig wirkt.

Loggia und Fontik: Gleich hinter dem Stadttor (15. Jh.) wurden früher im *fontik* genannten Speicher über der Loggia die Getreidevorräte der Siedlung gelagert. 1558 erhielt Grožnjan unter Venedigs Oberhoheit den Status einer autonomen Gemeinde, der sich im Bau der Renaissanceloggia manifestierte.

Stadtpaläste: Neben der Loggia steht dominant das barocke Palais der Familie Spinotti-Morteani, viele weitere Palazzi kann man beim Bummel durch die schmalen Gassen entdecken, liebevoll bepflanzte Gärten und Innenhöfe tun sich hinter wuchtigen Toreingängen auf, und Wappen an den Hauswänden erzählen die Geschichte der einstmals großen Familien.

Pfarrkirche (Župna crkva): Gleich vier Schutzheilige wachen über das Gotteshaus, das Ende des 18. Jh. komplett umgebaut und barockisiert wurde. Ein wunderbares Panorama über die Hügellandschaft tut sich auf dem Kirchplatz mit seinen schattigen Kastanien auf.

Wanderwege (gelbe Markierung) führen in die Umgebung; in vier Stunden erreicht man Oprtalj (s. S. 51).

Turistička zajednica: Umberto Gorjan 3, Tel./Fax 77 61 31.

Funtana: Grisia 1, Tel./Fax 77 62 29, moderat. Privatzimmer in einem istrischen Bauernhaus.

Ladonja: Grožnjan, Tel. 77 61 25, moderat. Das urige Haus im Ortszentrum serviert Gulasch, Njoki, Schweinebraten und Wildbret in einem schattigen Innenhof und auf dem großen Hauptplatz des Ortes. Wer dem guten Wein zu heftig zugesprochen hat, kann auch in einem der einfachen Gästezimmer übernachten.

Die Kathedrale überragt als Wahrzeichen die Altstadt von Krk

Eine Vielzahl kunstgewerblicher Galerien bietet Alles zwischen Kitsch und Kunst.
Ceramica: B. Korva 12.
Das sympathische Künstlerpaar Marta und Karel Pavlinc stellt wunderschöne, teils skurrile Keramikskulpturen her; es gibt auch Praktisches wie Geschirr und Schmuck – alles mit einem sehr persönlichen Touch.

Musikfestival: Grožnjan steht im Sommer im Zeichen der »Jeunesse musicale«. Dann wird auf allen Plätzen musiziert (Informationen unter www.tel.hr./hgm-jmc oder in Grožnjan unter Tel. 77 61 06).

Krk

Lage: F 4–G 6
Vorwahl: 051
Einwohner: 16 000
Extra-Tour 3: s. S. 88

Sie ist mit 410 km² die größte Insel der Adria und sicherlich auch die, deren Namen auch treue Gäste noch nach Jahren nicht richtig aussprechen können. Fügt man dem ersten K einen stimmhaften Nachlaut hinzu, wird aus dem gezischten, abgehackten Krk ein weiches Kerk! Von der Brücke Titov most aus gesehen (Verbindung zwischen Festland und Omišalj) wirkt das Eiland mit seinen von Wind und

Idylle an kristallklarem Wasser: der Strand von Stara Baška

Meer polierten, kahlen Höhenrücken wie eine Wüstenei. Verantwortlich dafür ist die Bora, die an der Nordostflanke Krks der Vegetation keine Chance lässt. Im Inneren und im Süden dagegen zeigt sich die Insel fruchtbar, mit Feldern und Weingärten überzogen, die durch Trockenmauern vor den einfallenden Winden geschützt sind.

Krk: Die eigenwillige, zwiebelförmige Turmspitze der Kathedrale von Krk überragt als Wahrzeichen die eng gedrängt stehenden Häuser der Altstadt, die sich vom Franziskanerkloster (13. Jh.) den Hang hinunter zum Meer zieht. Reste der Stadtmauer und das hervorragend erhaltene Kaštel, im 12./13. Jh. mit vier Ecktürmen erbaut, sichern die Stadt. Das ehemals römische Forum, heute Vela placa, bildet mit Loggia, dem Stadtturm und dem mit dem Markuslöwen geschmückten steinernen Brunnen den Eingang zur Altstadt. Dem ursprünglich römischen Straßenraster folgend verlaufen die Gassen recht geradlinig zwischen den schmalen, hohen Häusern, an denen man noch manche architektonische Details wie Doppelfenster im Stil der venezianischen Gotik erkennen kann. Das Ensemble der zweistöckigen Kirche Sv. Kvirin und der Kathedrale ist sicherlich eines der ungewöhnlichsten Kirchenbauten des Adriaraumes (tgl. 10–13 Uhr). Ein vielfarbiger Säulenwald stützt die Decke der dreischiffigen Basilika; es sind Säulen, die aus römischen Bauten stammen und mit frühromanischen Kapitellen geschmückt wurden. Durch die Kathedrale gelangt man in die Nachbarskirche Sv. Kvirin mit romanischen Gewölben in der unteren Etage und einer Ausstellung sakraler Kunst im oberen Teil. Der Glockenturm mit seinem ›Zwiebelhut‹ datiert aus der Renaissance. Kunst ist aber nicht nur in den Bauten aus der Vergangenheit, sondern auch im modernen Stadtbild präsent: Mehrere wirklich schöne Galerien wie etwa ›Decumanus‹ zeigen das Schaffen junger Maler und Bildhauer aus Krk.

Malinska & Njivice: Die beiden Badeorte sind ideal für all jene, die Strand, Sonne, Diskos und Sport suchen – Historisches ist in den ehemaligen Fischerdörfern kaum erhalten. Vor allem Malinska wirkt mit den endlosen Ferienhaussiedlungen, Autocamps und Hotelbauten wie ein Kunstort, zudem ist die Prestige-Anlage ›Haludovo‹ aus den 1970er Jahren ziemlich gealtert und trägt nicht unbedingt zur Verschönerung bei.

Punat: Auch Punat ist längst über seinen winzigen Altstadtkern hinausgewachsen; seine hochmoderne Marina zieht Skipper aus allen Häfen der Adria an, und die ausgezeichneten Spezialitätenrestaurants verwöhnen den Gaumen. Mit dem FKK-Camp ›Konobe‹ besitzt Punat einen der schönsten Plätze für Anhänger hüllenloser Badefreuden. Folgt man den vielen hervorragend ausgewiesenen Wanderwegen, gelangt man durch Felder und vorbei an alten Gehöften zu idyllischen Badebuchten.

In die Geschichte der Insel entführt eine Bootsfahrt auf die kleine Insel **Košljun,** wo Benediktiner bereits im 12. Jh. ein erstes Kloster gründeten, das im 15. Jh. von den Franziskanern übernommen wurde. Sie haben die Insel in einen wahren botanischen Garten mit über 400 verschiedenen Spezies verwandelt und in der Bibliothek wertvolle alte Schriften, darunter viele in Glagolica, gesammelt.

Südlich von Punat endet die Stichstraße im Ort **Stara Baška,** der mit seiner reich gegliederten Küste vor allem von Booten und Segelschiffen angesteuert wird, denn hier kann man noch wunderbar und einsam im kristallblauen Meer baden.

Baška: Der südlichste Ort auf Krk, mit einem flachen, grobkörnigen Sand-/Kiesstrand augestattet, ist eines der wichtigsten Touristenziele der Insel. Erst kürzlich wurde es mit der ›Blauen Fahne‹ der EU für das saubere Wasser geadelt. Da neben der Hotelzone auch noch eine malerische, wenngleich stark von Souvenirgeschäften und Restaurants beherrschte Altstadt existiert, können Gäste nach einem Tag am Meer abends die quirlige Atmosphäre in den alten Gassen ge-

Die Weine von Vrbnik zählen zu den besten Kroatiens

nießen. Wenige Kilometer landeinwärts wird im Dorf **Jurandvor** eine Kopie der »Tafel von Baška« gehütet (das Original ist in Zagreb). Die 1100 geschriebenen Lettern sind das älteste Zeugnis eines in Glagolica verfassten Schriftstücks.

Südlich der Inselhauptstadt liegt, umgeben von Kiefern und Eichen, die **Dražica-Bucht** mit einem kleinen Sandstrand und zahlreichen Badeplätzen zwischen Felsen. Weite Kiesstrände besitzen **Malinska** und **Njivice,** während an der Bucht von **Baška** Sand für angenehmes Baden sorgt. Idyllisch und einsam sind die Buchten bei **Stara Baška** und **Punat.**

Tauchen: Diving Club Bios, Krk, neben Autocamp Ježevac, Tel. 22 13 25. Exkursionen, Ausrüstungsverleih und Kurse.
Fischpicknick: Kapitän Nikola (›Miki‹), ein echtes Original, fährt mit seinem Kutter ›Škarpoč‹ von Krk hinaus aufs Meer, lässt seine Gäste mit dem Netz fischen und legt einen Badestopp auf der Insel Grgur ein. Dazu gibt's ein deftiges Mittagessen. Tel. 22 14 61 oder Mobil-Tel. 091-516 34 64.
Wandern: Die Gemeinden Punat und Baška haben ein vorbildliches Netz von Wanderwegen angelegt, die häufig zu einsamen Buchten führen. An Trockenmauern entlang, über Feldwege und Pfade, zu winzigen Karstseen und verlassenen Hirtendörfern läuft man durch die archaisch-herbe Landschaft des Karstes. Wanderkarten gibt es beim jeweiligen Touristenbüro.
Marina: Kroatiens größte Marina liegt in Punat, Puntica 7, Tel. 65 41 11, www.marina-punat.hr.

Omišalj: Das hübsche, alte Örtchen an der Nordwestküste von Krk leidet etwas unter seiner Umgebung – zu Füßen des Hügels liegt eine große petrochemische Anlage. Doch oben scheint die Zeit in den Gassen um die romanische Pfarrkirche stehen geblieben. Gleich zwei freundliche Konobas bewirten Ausflügler mit Fisch und ländlichen Fleischgerichten (s. u.).
Vrbnik: Dass hier wahrlich gute Tropfen gedeihen, sieht man bereits bei der Fahrt durch Weinreben zum Fischerort. Attraktionen sind folglich weder der kleine Hafen noch die alten Gassen von Vrbnik sondern seine Kellereien, in denen einer der besten Weißen Kroatiens gekeltert wird: Zlatna Vrbička Žlahtina, ein fruchtig-trockener Tropfen, der mehrfach preisgekrönt wurde. In der Zadruga ›Vrbnik‹ (Tel. 85 73 44) am Hafen und in mehreren privaten Kellereien kann man verkosten und einkaufen.
Špilja Biserujka: Die Tropfsteinhöhle in der Nähe des Weilers Rudine entführt in die unterirdische Welt des Karstes (April–Okt. 10–19 Uhr, Tel. 85 22 03).

Turistička zejednica Stadt Krk: Vela placa 1 (im Stadtturm), Tel./Fax 22 14 14.
Malinska: Lina Bolmarčića 22, Tel. 85 92 07, im Internet unter www.multilink.hr/malinska.
Njivice: Ribarska obala 10, Tel. 84 62 43.
Punat: Obala 72, Tel. 85 48 60, Fax 85 49 70, im Internet unter www.punat.com.
Baška: Kralja Zvonomira 114, Tel. 85 68 17, Fax 85 65 44, www.tz-baska.hr.

Marina: Krk, Obala hrvatske mornarnice, Tel. 22 13 57, Fax 22 11 28, moderat. Einfaches Stadthotel am Hafen.

Adria, Malinska: Obala 40, Tel. 85 91 70, Fax 85 91 31, moderat. Freundliches, privat geführtes Haus an der Uferpromenade, zum Strand 100 m.

Mariana: Stara Baška bb, Tel. 84 46 61, moderat. Die Besitzer des netten Terrassenrestaurants vermieten freundlich eingerichtete Gästezimmer.

Koralj: Krk, Vlade Tomašića bb, Tel. 22 10 44, teuer. Komfortables Strandhotel mit breitem Freizeit- und Sportangebot.

Hotel Park: Punat, Obala 94, Tel. 85 40 24, Fax 85 41 01, teuer. Angenehmes, komplett renoviertes Hotel am Strand.

Corinthia I, II und III: Baška, Emila Geistlicha 34, Tel. 65 61 11, Fax 85 65 84, moderat bis teuer. Der Hotelkomplex am Strand ist zum Teil renoviert und bietet deshalb mehrere Kategorien: Corinthia I ist das Flaggschiff mit bestem Komfort und ausgezeichnetem Pensionsessen.

Camping

Naturist Camp Konobe: Punat, Tel. 85 40 36, Fax 85 41 01. Das schattige FKK-Camp zieht sich einen Hang hinunter bis ans Meer und ist mit allem Komfort ausgestattet.

Konoba Ulikva: Omišalj, Put Dubca 20, Tel. 84 10 04, moderat. Gemütliches Gasthaus am Dorfplatz von Omišalj. Spezialitäten sind Gulasch mit Njoki und Fisch.

U Barbi gerga: Omišalj, Prikešte 23, Tel. 84 22 55, moderat. Zünftige Konoba am Ortseingang mit kleinem Garten, Gegrilltes und Pršut schmecken köstlich. Der Wirt vermietet auch Zimmer.

Mariana: Stara Baška, moderat, s. Unterkunft. Von einer kühlen Brise umweht sitzt man mit Blick auf das alte Baška und den Strand bei fangfrischem Fisch und Grillgerichten wie Ražnići

Restaurant des FKK-Camps Konobe: Punat, moderat, s. Unterkunft. Auf den ersten Blick etwas gewöhnungsbedürftig, denn manch

Die Farben Istriens

Nach der vorherrschenden Farbe des Bodens unterscheidet man in Istrien drei Landschaftsformen: Der von der Ćićarija begrenzte Norden mit seinem weißen Karstfels, den niedrige Macchia-Vegetation bedeckt, wird das ›weiße‹ Istrien genannt. Hier wird traditionell lediglich Viehzucht betrieben, denn der Boden ist für Ackerbau kaum geeignet. Das ›graue‹ Istrien ist eine mit gräulich-braunen Mergel bedeckte, gebirgige Region im Zentrum der Halbinsel: Sie war früher von dichten Eichenwäldern bewachsen, doch heute betreiben die Bauern hier sowohl Feldbau als auch Viehzucht. Das ›rote‹ Istrien im Westen und im Süden schließlich trägt eine schwere, intensiv-rote Scholle; mediterrane Nadelwälder und intensiv betriebener Ackerbau kennzeichnen die Region.

Eine der am besten erhaltenen istrischen Bergstädte: Labin

ein Gast kommt hüllenlos zum Essen. Aber das Restaurant ist hervorragend, Schinken, Käse, Fisch- und Fleischgerichte vom Feinsten und dazu Wein aus Vrbnik!
Frankopan: Krk, Trg Sv. Kvirina, Tel. 22 14 37, teuer.
Idyllisch neben der Kathedrale, vor allem abends stimmungsvolles Ambiente zu Pršut, Schafskäse und einer großen Auswahl frischer Fische.
Cicibela: Baška, Emila Geistlicha bb, Tel. 85 60 13, teuer.
Unter den vielen Restaurants an der Uferpromenade sticht dieses durch sehr aufmerksamen Service und delikate Fisch- und Fleischgerichte hervor.

Muzej-Galerija Fortis: Krk, Stj. Radića 4, Tel. 22 00 39.
Die Galerie verkauft Kunsthandwerk, aber auch faszinierende Exponate moderner Künstler. In einem Nebenraum sind römische Funde aus Krk ausgestellt.
Atelier Fran: Baška, Zvonimirova 73.
Die Künstlerin Jasna Hrabrić arbeitet kreativ mit den Lettern der Glagolica – man findet sie auf ihren Seidentüchern ebenso wieder wie auf Keramik oder Schmuck. Wunderschöne und ungewöhnliche Souvenirs!

In der Disco **Trezor,** unweit der Vela placa in Krk, geht's ab 23 Uhr zur Sache.

Jazz-Festival auf dem Kamplin-Platz im August, Info unter www.kamplinjazzfest.com.
Klassische Musikabende auf der Klosterinsel Košljun in der Bucht von Punat im Sommer.

Busverbindungen zu allen größeren Orten der Insel. **Autofähren** von Baška nach Lopar (Rab) und von Valbiska nach Merag (Cres). Die 1300 m lange, mautpflichtige Brücke **Titov most** verbindet Krk mit dem Festland bei Kraljevica.

Labin

Lage: D 5
Vorwahl: 052
Einwohner: 9000
Extra-Tour 5: s. S. 92

Eine der am besten erhaltenen istrischen Bergstädte, 320 m hoch über der Bucht von Rabac gelegen, wäre um ein Haar ein Opfer des Kohlebergbaus geworden. Die in den Berg getriebenen Schächte destabilisierten den Untergrund so stark, dass die Altstadt einzustürzen drohte. Doch die Gefahr ist gebannt und Besucher können in Labin auf den Spuren der Geschichte wandeln. Deutlich sind der innere, seit illyrischer Zeit besiedelte, und der äußere, ab dem 17. Jh. erbaute, Stadtbereich zu erkennen.

Titov trg: Der große Hauptplatz entstand ab dem 16. Jh., als es den Bürgern innerhalb der Mauern des alten Labin zu eng wurde. Zur Altstadt hin dokumentiert die runde Bastion **Torjon** mit Kanonen, dass sich die Labiner gegen Uskoken, Osmanen und Piraten durchaus zu wehren wussten, während die zierliche **Loggia** mit ihrer säulengestützten Vorhalle als Gerichtsort diente. Das mit dem Wappen Labins und mit dem geflügelten Löwen geschmückte **Tor des Sv. Flor** führt in den mittelalterlichen Stadtbereich.
Altstadt: Schmale, steile Gassen führen durch das Hauslabyrinth auf der Hügelkuppe. Hinter dem Stadt-

tor passiert man den ›alten Platz‹ Stari trg und erreicht die **Kirche Mariä Geburt** (Majke božje), die Bauelemente aus dem 11. bis 16. Jh. vereint. Unter der gotischen Rosette thront über dem Eingangsportal der venezianische Löwe. Folgt man der ul. 1. Maja, ist nach wenigen Schritten ein niedriges **Renaissancehaus** erreicht, in dessen Fassade eine römische Skulptur eingemauert ist. Rechts davon erhebt sich ein 33 m hoher **Glockenturm** (1623) an Stelle der ersten christlichen Kirche von Labin, von der noch einige Mauerreste erhalten sind. Vom Platz **Fortica** am nordwestlichen Stadtrand blickt man über das grüne Panorama des istrischen Hügellandes. Der Rückweg führt durch die ul. Giuseppine Martinuzzi mit ihren zahllosen Kunstgalerien, die diesem Teil der Stadt ein besonderes, beschwingtes Flair verleihen.

Volkskundemuseum (Narodni muzej) im Palazzo Battiala-Lazzarini, N. Katunara 6, tgl. 10–13 und 18–20 Uhr.
Ein Lapidarium im Erdgeschoss zeigt römischen Funde aus Labin. Trachten, Alltagsgegenstände und Kunsthandwerk sind in den darüber liegenden Räumen ausgestellt. Anschaulich ist ein Bergwerksstollen mit Originalwerkzeugen nachgebaut.

s. Ausflüge: Rabac

In der Umgebung von Labin sind weitere Orte zu besichtigen, die die Grenze zwischen habsburgischem und venezianischem Einflussgebiet sicherten: Das **Kaštel Šumber** im Norden wurde 1260 erbaut und besitzt mit dem Kirchlein **Majka Božja od Drena** eines der wichtigsten Pilgerziele Istriens (Festtag 5. August). Wuchtig und wehrhaft schauen auch die Mauern des **Kaštel Kršan** östlich von Šumber dem Besucher entgegen. In der Friedhofskirche wurde bei Renovierungsarbeiten eine glagolitische Inschrift aus dem 16. Jh. entdeckt.

Rabac: In steilen Terrassen drängen sich Ferienhäuser und Hotels an der Bucht von Rabac unterhalb von Labin die Hänge hinauf. Der malerischen Lage mit Blick auf die Insel Cres wegen avancierte Rabac schon früh zu einem beliebten Badeort. Besonders angenehm sind die mit Strandkiefern bewachsenen Badebuchten auf der Halbinsel Sv. Andrija.

Turistička zejednica: Labin, Aldo Negri 20, Tel./Fax 85 55 60, www.istra.com/rabac.

Lanterna: Rabac bb, Tel. 86 22 20, Fax 86 20 30, teuer.
Hübsche Anlage in einem Park, mit Pool-Landschaft und umgeben von der felsigen Küste mit kleinen Buchten.

Pineta: Nedeščina, Sv. Martin bb, Tel. 86 50 15, teuer.
Nördlich von Labin offeriert das ehemalige Schloss einige Gästezimmer und Köstlichkeiten wie Pršut, Honig und Wein aus eigener Produktion.

Oštarija Kvarner: Šet. San Marco, Tel. 85 25 31, moderat.
Delikater Fisch, Muscheln und Meeresfrüchte konkurrieren mit der Aussicht von der Terrasse über die Bucht von Rabac.

Velo kafe: Titov trg 6, Tel. 85 27 45, moderat.
Der Gast hat die Wahl zwischen uri-

ger Konoba im Keller und nettem Café mit Snacks im ersten Stock.
Dubrova: im Ort Dubrova, 2 km von Labin nach Norden, Tel. 85 17 06, moderat bis teuer. Wildbret und Njoki in einem vorbildlich renovierten istrischen Haus.

Kunst und **Kunsthandwerk** in großer Auswahl gibt's in den Galerien der Altstadt.

Stündlich **Busse** zwischen Labin und Rabac.

Lošinj

Lage: E 8–F 9
Vorwahl: 051
Einwohner: knapp 7000
Extra-Tour 3: s. S. 88

Früher bildeten Cres und Lošinj eine Einheit – doch dann durchstachen die Römer die Landenge zwischen den beiden Schwestern und legten einen Kanal an. Heute überquert man die schmale Wasserstraße zwischen Osor/Cres und Lošinj auf einer Drehbrücke, die bei Bedarf für den Schiffsverkehr geöffnet wird. Der Unterschied könnte nicht größer sein. Nach Cres mit seinem Macchiagrün und dem grauen Spinnenetz der Trockenmauern umfängt den Gast auf Lošinj das Aroma von Kiefern und Pinien. Die Insel wurde früh für den Kurtourismus entdeckt, man forstete sie wieder auf (der alte Baumbestand war römischen und venezianischen Äxten zum Opfer gefallen) und errichtete verspielte Villen und Hotels. Der Bauboom der 1960er Jahre wirkte nicht unbedingt verschönernd, aber da fast alle Hotels versteckt im ›Wald‹ liegen, fallen ihre architektonischen Mängel kaum ins Gewicht. Dank des ausgeglichenen Klimas ist Lošinj ein ideales Ziel für das späte Frühjahr und den Herbst. Im Juli und August ist die Insel bis auf den letzten Platz belegt.

Mali Lošinj: Mali, das ›kleine‹ Lošinj, ist heute das Zentrum der Insel: Ausflugsschiffe dümpeln am Hafen, Cafés, Restaurants und Boutiquen sind kaum zu zählen. Wie wohlhabend die Kapitäne aus Lošinj waren, bevor Dampfschiffe ihren schnittigen Seglern das Geschäft verdarben, zeigen die hübsch restaurierten Häuser um das Hafenbecken und die Villen an den Hängen darüber.
Rovenska: Die Bucht östlich von Mali Lošinj besteht aus kaum mehr als einem Fischerhafen, einer kleinen Werft – und zwei guten Fischrestaurants. Ein ruhiger Ort zum Abschalten und Entspannen.
Veli Lošinj: Veli, das ›große‹ Lošinj, ist im Gegensatz zu Mali ein richtig verschlafener Fischerort, ruhig, idyllisch und bar jeder Hektik. Hier manifestiert sich der Reichtum der *kapitani* im Inneren der barocken Kirche des hl. Antonius, die durch Gaben der Stifter in eine wahre Schatzkammer mit wertvollen Gemälden verwandelt wurde. Stolz wacht ihr Campanile aus dem 15. Jh. über die schmale Einfahrt zum Hafen.
Čikat: Die dicht bewaldete Halbinsel ist das touristische Herz Lošinjs. Im Grün versteckt liegen alte Villen und moderne Hotels, doch nie hat man das Gefühl drangvoller Enge. Am Kiesstrand, dem die Bäume Schatten spenden, werden Surfbretter und Fahrräder verliehen, es gibt Tauchschulen, und über allem liegt der Duft der Kiefern und Pinien, der so gesund ist für Allergiker und Lungenkranke.

Beim Piratenfest in Lošinj

Kiesstrände an der **Ĉikat-Bucht,** bei **Veli Lošinj** und in zahllosen, zu Fuß oder per Boot erreichbaren Buchten. Sandstrände gibt's auf **Susak** (s. Ausflüge).

Fahrradfahren und Wandern: Auf Lošinj wurden zahlreiche Wander- und Fahrradwege ausgewiesen. Fahrradverleih bei den Hotels oder bei der Surfschule ›Sunbird‹ (s. u.).
Surfen: Sunbird, an der Ĉikat-Bucht vor dem Hotel Bellevue, Mobil-Tel: 098-72 41 18, im Internet unter www.sunbird.de.
Die ruhige Bucht ist ideal für Anfänger, Könner segeln hinaus und an der Küste entlang.
Tauchen: Adriatic Divers, Ĉikat-Bucht, Tel. 23 29 18.
Tauchexkursionen und -Kurse unter engagierter deutscher Leitung.
Schiffsausflüge: Mit der ›Kristofor‹ von Marko Mužić auf die Nachbarinseln oder zu einsamen Buchten: Tel. 23 31 95 oder direkt am Hafen kontaktieren.

Susak: Die Sandstrandinsel war früher ein berühmtes Weinbaugebiet – Touristen besuchen sie aber vor allem wegen der Strände: Nur hier und auf der Insel Rab findet man im Kvarner statt zackiger Felsen goldenen Sand.

Turistička zajednica Mali Lošinj: Riva Lošinjskih kapetana 29, Tel. 23 18 84, Fax 23 15 47, www.tz-malilosinj.hr.

Bellevue: Ĉikat, Tel. 23 12 22, Fax 23 12 68, moderat.
Niedrige, freundliche Hotelanlage an der Ĉikat-Bucht, gruppiert um einen großen Innenhof.
Hotel-Restaurant Capri: Grbica bb, Veli Lošinj, Tel. 23 61 86, teuer.
Ein familiär geführtes und liebevoll gestaltetes Haus in einem Vorort von Veli Lošinj, großer Pool, Tennisplätze, idyllischer Garten und ausgezeichnete Küche. Zum Meer nur 10 Minuten.

Konoba Mol: Rovenska 1, Veli Lošinj, Tel. 23 60 08, moderat.
Uriges Gasthaus mit schattiger Terrasse und Blick auf die idyllische Ha-

fenbucht Rovenska. Spezialität ist Risotto mit Meeresspinne.
Baracuda: Priko 31, Mali Lošinj, Tel. 23 33 09, moderat.
Lebhaftes Fischrestaurant an der Hafenpromenade mit stets frischem Fisch und sehr freundlichem Service.
Capri: (s. Unterkunft).
Giovanni und seine Frau zaubern aus den Gaben des Meeres und den Früchten ihres Gartens eine einzigartige, mediterrane Küche mit deutlich italienischem Einschlag (Tintenfischrisotto um 35 Kn). Dazu gibt's ausgesuchte Weine der Region. Das Restaurant ist ein wirkliches Highlight im Kvarner!

Bootsmarkt: In Mali Lošinj bieten Marktfrauen von Booten aus Obst und Gemüse an.
Crociata: Sv. Marije 15.
Seglerbedarf und -mode an der Uferpromenade.

Konoba Bivar: ul. Gortana 83, Mali Lošinj, Tel. 23 12 36.
Die Bar an der Parallelstraße zur Uferpromenade ist In-Treff der Jugend, bis 1 Uhr geöffnet.

Im Sommer zahlreiche Veranstaltungen wie das ›Fischerfest‹ und das ›Piratenfest‹.

Busse von Mali Lošinj hinüber nach Cres und bis aufs istrische Festland. **Stadtbusse** von Mali nach Veli Lošinj und zur Ĉikat-Bucht. **Fähren** nach Krk und aufs Festland, siehe Cres.

Lovran

Lage: E 4
Vorwahl: 051
Einwohner: 4000
Extra-Tour 2: S. 86

Delphine

Der Schutz der Delphine wird auf Lošinj groß geschrieben. Mit einem Aktionstag Anfang August soll die Bevölkerung gegenüber den Meeressäugern sensibilisiert werden; Touristen können Paten für einen Delphin werden (www.island-losinj.com/dolphins/index.htm

Weit mehr als im benachbarten Opatija herrscht in Lovran noch jenes Flair, das die große Zeit der Kurbäder an der Liburnischen Riviera auszeichnete: Traumvillen säumen die Uferpromenade, von der immer wieder Treppen hinunterführen zu kleinen Badebuchten zwischen Felsen. Lorbeer, Kiefern, Zypressen und Esskastanien bilden ein dichtes Blätterdach, unter dem Hortensien und Oleander blühen. Ob beim Bummel durch die schmalen Gassen des Altstadtkerns oder beim Essen in einem der vielen ausgezeichneten Restaurants – Lovran bietet Genuss für alle Sinne. Die besondere Atmosphäre zog schon immer Künstler an, und noch heute lebt einer der berühmtesten kroatischen Maler, Karlo Bilič, international unter dem Pseudonym Charles Billich bekannt, stilecht im ehemaligen Festungsturm der Stadt.

Altstadt: Lovran wurde im 7. Jh. erstmals erwähnt, die Häuser stehen wahrscheinlich auf römischen Fundamenten. Am aus grauen Bruchsteinen errichteten Stadtturm vorbei erreicht man den Hauptplatz mit der im 12. Jh. gegründeten und im 15. Jh. gotisier-

Wohnen wie Anno Dazumal

Zwei 100 Jahre alte Villen, nur durch die Uferpromenade vom Meer getrennt, hat ein Zagreber Unternehmer in wahrlich fürstliche Domizile verwandelt. Jede Etagenwohnung ist mit antiken und modernen Möbeln geschmackvoll eingerichtet; Spülmaschine und tägliche Reinigung gehören zum Service. Von der Terrasse blickt man über einen verwunschenen Garten auf die felsige Küste – eine wahrlich paradiesische Unterkunft, wie es sie sonst in Istrien und Kvarner kein zweites Mal gibt. Gruppen können alternativ ein renoviertes Bauernhaus in den Bergen buchen, eine Einführung in die Kräuter- und Pflanzenkunde gibt's gratis dazu: Lovranske vile (Luxuskategorie), zu buchen über das Büro in Ičići, Poljanska 27, Tel. 70 42 76, Fax 70 41 83, E-Mail: lovranske.vile@ri.tel.hr, im Internet zu besichtigen unter: www.lovranske-vile.com.

ten Kirche des hl. Georg. Der ursprünglich frei stehende Campanile wurde durch barocke Seitenkapellen mit dem Hauptschiff verbunden. An den alten Häusern gegenüber sieht man zwei farbenfrohe Reliefs: Das eine zeigt den hl. Georg beim Kampf mit dem Drachen, der über den Eingang zum alten Rathaus wacht; das andere zeigt den *mustaćon,* ein furchterregendes und offensichtlich orientalisches Gesicht mit wucherndem Schnurrbart, das vor bösen Einflüssen schützen soll.

Villen: Neben den vielen eleganten Häusern unbekannter Besitzer an der Uferpromenade stehen zwischen Ika und Lovran (Hinweisschild »Villa Magnolia«) drei außergewöhnliche Anwesen in uralten Gärten, alle erbaut von dem Wiener Architekten Karl Seidl: Die **Villa Magnolia** diente eine Zeitlang als Hotel, ist nun aber geschlossen. Die **Villa Frappart** nebenan ist Sitz eines Kulturzentrums, das sich vor allem um den musikalischen Nachwuchs bemüht. Fast immer hört man zarte Geigen- oder Klaviertöne zwischen den hohen Bäumen und Palmen herausperlen und gelegentlich finden hier auch Konzerte statt. Die **Villa Santa Maria** ist mit ihren Mosaiken an der Fassade die schönste.

Baden kann man an den Kiesbuchten entlang der Promenade, im Stadtbad oder am Kiesstrand neben dem Hospital. Weitere Strände s. Ausflüge.

Diverland International am Hotel Bristol Belvedere, Tel. 29 34 10, bietet Tauchkurse, Exkursionen und Ausrüstungsverleih.

Nach **Ika** und **Ičići:** s. Opatija, S. 56

Wanderung auf den Vojak: etwa 4,5 Std. dauert es vom Meeresniveau auf den Gipfel des Učka-Massivs.

Medveja: Der beste Kiesstrand an der Liburnischen Riviera ist an den Wochenenden recht überlaufen; wochentags ist man aber fast allein an der weiten Bucht.

Mošćenice: Hoch über dem hübschen Badeort Mošćenička Draga

Tauchkurs vor hochherrschaftlicher Kulisse in Lovran

thront das alte Dorf zwischen Kastanien und Feldern; durchs Stadttor geht's ins enge Gassengewirr mit überwölbten Passagen, verträumten Innenhöfen und alten Brunnen. Die ehemalige Ölmühle steht zur Besichtigung, und das Museum zeigt Hausrat und Trachten der Region (durchgehend geöffnet). Hier bekommt man auch Informationen über Privatzimmer und kann sich mit schönen historischen Postkarten und Lavendelöl eindecken. In der Ölmühle stehen Wein und Trester zum Verkauf.

Turistička zajednica: Šetalište Maršala Tita 63, Tel./Fax 29 17 40.

Bristol Belvedere: Šet. M. Tita 27, Tel. 29 10 22, Fax 29 20 49, moderat.
Ein eleganter Bau im Stil der Belle Epoque etwas nördlich des Stadtzentrums an der Hauptstraße, zweckmäßige Zimmer, eigenes Strandbad mit Tauchschule.

Excelsior: Šet. M. Tita 15, Tel. 29 22 33, Fax 29 19 89, teuer.
Modernes Hotel nördlich des Stadtzentrums an der Hauptstraße mit komfortabel ausgestatteten Zimmern, Pool und eigenem Strandbad.

Knezgrad: Lovran, Trg slobode 12, Tel. 29 18 38, moderat.
Sympathisches Gartenrestaurant am Stadtpark; neben Fisch gibt's köstlichen Gulasch mit Njoki (um 25 Kn).
Benito: Mošćenička Draga, Tel. 73 75 02, moderat.
Beliebtes Hafenrestaurant, die Tische auf der kleinen Terrasse sind heiß umkämpft.
Perun: Mošćenice, Tel. 73 75 15, moderat.
Ausflugslokal in Panoramalage hoch über der Küste.
Lovranska vrata: Lovran, Stari Grad 94, Tel. 29 10 50, teuer.
Am Kirchplatz isst man nicht nur ausgezeichnet, sondern hat den Platz als Bühne gratis dazu. Auf-

Ein Paradies für Trüffelfans: Konoba Toklarija in Motovun

merksamer Service, Fisch um 220 Kn/kg.
Najade: Lovran, Šet. M. Tita 69, Tel. 29 18 66, teuer.
Idyllisch am Meer gelegen und In-Treff der kroatischen High Society. Fisch und Meeresfrüchte vom Feinsten, unbedingt reservieren!

Morsko Blago: Šet. M. Tita, Tel. 27 62 33.
Erstaunlich, was für wundervollen, modischen Schmuck man aus Muscheln, Perlen und Korallen formen kann.

Anfang Oktober gibt's bei der **Marunada** alles nur Erdenkliche aus Kastanien: Kuchen, Likör und natürlich auch frisch geröstete Maronen.

Busverbindungen entlang der Küste nach Rijeka bzw. Mošćenička Draga.

Motovun

Lage: B 3
Vorwahl: 052
Einwohner: 600
Extra-Tour 4: s. S. 90

Von 277 m Höhe blicken Mauern und Häuser der alten Handelsstadt über das fruchtbare Tal der Mirna mit ihren Feldern und Weinreben des ›grauen‹ Istrien. Dass ein so exponierter und zugleich schwer bezwingbarer Platz bereits in früheren Zeiten als Siedlungsgebiet genutzt wurde, belegen prähistorische und römische Funde.

Stadtkern: Der ›innere Platz‹ der Ringsiedlung, die in zwei voneinander abgegrenzten Bereichen kreisförmig den Hügel empor- bzw. hinunterwächst, ist von aus dem 14. Jh. stammenden Mauern umgeben. Ihren Mittelpunkt bilden der zinnengekrönte Glockenturm (13. Jh.), die in der Renaissance anstelle eines älteren Baus errichtete

Kirche des hl. Stefan und ein Brunnen.

Unterstadt: Das mit dem Markuslöwen geschmückte Stadttor führt von der ›Oberstadt‹ in den äußeren Ring mit zahlreichen venezianischen Bürgerhäusern und einer hübschen Renaissanceloggia. Auch die Unterstadt ist mit einer von Türmen verstärkten Mauer gesichert.

Oprtalj, ein nahezu verlassenes, mittelalterliches Städtchen, liegt 6 km nördlich von Motovun. Von hier führen gelb markierte Wanderwege durch die istrischen Hügel beispielsweise in 4 Stunden nach Grožnjan (s. S. 35f.).

Vrh & Sovinjak: Von Motovun nach Osten fährt man über schmale Straßen, durch Weingärten und Felder, bergauf und bergab in die Dörfer Vrh und Sovinjak, wo Winzer Wein, Schnaps, Schinken und Würste vom Hof verkaufen. In Sovinjsko polje lädt eine der besten Konobas Istriens zur Mittagsrast, und von Vrh aus sieht man angeblich 100 Kirchtürme der umliegenden Weiler aus dem Grün der Weingärten spitzen.

Turistička zajednica, Zadrugarska 20B, Tel. 68 17 58. Sehr bemühtes Informationsbüro.

Kaštel: Motovun, Tel. 68 17 35, Fax 68 16 52, moderat.

Im Inneren herrscht noch ex-sozialistischer Geist; die Atmosphäre ist dennoch wunderbar romantisch, denn das Hotel am Hauptplatz hat sich in historischem Gemäuer eingerichtet. Hier kann man unter schattigen Bäumen auch herrlich speisen.

Agroturizam Tikel: Špinovci 88, Karojba, Tel. 68 34 04, moderat.

Ferien auf einem istrischen Bauernhof unweit von Motovun mit Hausmannskost, Streicheltieren und einer schönen Umgebung, in der man herrlich wandern kann.

Konoba Toklarija: Sovinjsko polje 11, Tel. 66 30 31, teuer.

In der Saison ist das Restaurant in der Nähe von Sovinjak ein Trüffelparadies; ansonsten gibt's die besten istrischen Spezialitäten auf der

Istrisches Gold

Groß ist er nicht mehr, der Wald von Motovun; seine Eichen wurden geschlagen und das harte Holz über die Mirna an die Adria und weiter nach Venedig verschifft. Und dennoch birgt er einen wertvollen Schatz: Im Herbst rücken die Trüffeljäger mit Spürhunden ein, und dann werden in den Konobas die köstlichen *tartuffi* auf Nudeln, mit Rührei oder zu Wild serviert. Ein Großteil des ›istrischen Goldes‹ geht zwar in den Export, aber die Region ist offensichtlich so reich mit den köstlichen Knollen gesegnet, dass sich auch die Einheimischen (und Touristen) daran satt essen können. Übrigens wurde hier der weltweit größte Trüffelpilz entdeckt! Mit 1310 g steht er im Guiness-Buch der Rekorde.

Baden und Flanieren im Schatten der Stadtmauer: Novigrad

Tageskarte. Essen nur nach Voranmeldung; Kalbsmedallions mit Ravioli und Spargel um 120 Kn.

Novigrad

Lage: A 4
Vorwahl: 052
Einwohner: 2500
Extra-Tour 1: s. S. 84

Die kleine venezianische Stadt bildet den südlichen Abschluss der nördlichsten Ferienregion des kroatischen Istrien; die slowenische Grenze ist nur knapp 20 km entfernt. Die Küste zwischen Savudrija im Norden und Novigrad im Süden ist weitgehend flach, felsig, zu vielen Buchten und Kaps zerfranst und von Ferienhaussiedlungen und Campingplätzen gesäumt, die sich zum Teil in den Händen der FKK-Gemeinde befinden.

Altstadt: Novigrad, die ›neue Stadt‹, hat alte Wurzeln; die erste Erwähnung von ›Neapolis‹ stammt aus dem 7. Jh. Bis heute sind in der Altstadt um die neoklassizistische, aber auf romanischen Fundamenten ruhende **Kirche des heiligen Pelagius** (crkva Sv. Pelagija) schöne historische Bau-

ten erhalten, so die für Istrien einzigartige, weil direkt am Meer stehende **Loggia** (16. Jh.), die zinnenbewehrte **Stadtmauer** aus dem 13. Jh. und der barocke **Patrizierpalast** der Adelsfamilie Rigo. Ein seltenes Schmuckstück ist die frühromanische **Krypta,** die unter der Pelagius-Kirche entdeckt wurde! Elegante Kreuzgewölbe stützen die niedrige Decke.

Neben dem **Stadtstrand** unterhalb der Stadtmauer und dem Hotelstrand Laguna sind die von Pinien umrahmte Küste bei **Savudrija** und die Ferienanlage Stella Maris bei **Umag** mit Meeresschwimmbecken empfehlenswert.

Tennis: Center Court und Tennisplätze in der Ferienanlage Stella Maris in Umag, Tel. 74 17 04.

Wassersport: Großes Angebot entlang der Küste; Wasser-Vergnügungspark Aqua-Park in der Feriensiedlung Katoro.

Reiten: Mehrere Reitzentren bieten Stunden, Ausritte und Kurse an, darunter Konjički park Stella Maris bei Umag, Tel. 74 10 51. Erfahrene Reiter wenden sich an Ranč Goli vrh, s. Unterkunft.

Fahrradfahren: Gut beschilderte Fahrradtouren führen in die nähere Umgebung. Fahrradverleih bei den Hotels und bei Bike Service, Katoro, Tel. 74 15 14.

Umag: Der kleine Ortskern mit schmalen, verwinkelten Gassen um die barocke Kirche Mariä Himmelfahrt ist schnell besichtigt – es sei denn, man lässt sich von den vielen Souvenirläden bezaubern, die in erster Linie Spitzendecken und Klöppelwaren verkaufen, oder man bleibt in einer urigen Konoba bei istrischer Kost hängen. Umag lockt vor allem mit einem wichtigen sportlichen Ereignis: Zu den Croatia Open kommt Tennisprominenz aus allen Teilen der Welt an die kroatische Küste.

Grotte Baredine: s. S. 65

Grožnjan: s. S. 35f.

Turistička zajednica: Novigrad, Porporella 1, Tel. 75 70 75, Fax 75 80 11.

Ranch Goli Vrh: Umag, Goli vrh 31, Tel. 73 02 07, moderat.
Ferien auf einem Reiterhof in schöner, ländlicher Umgebung, etwa 8 km vom Meer entfernt.

Laguna: Tel. 75 70 50, Fax 75 73 14, moderat. Hotel am Kiesstrand

Tennis lernen beim Profi

Niki Pilic, ehemals Trainer des deutschen Daviscup-Teams, hat in Umag ein eigenes Tennis-Camp eröffnet. Unterrichtet werden sowohl Anfänger wie Fortgeschrittene, für Kinder gibt es spezielle Jugendcamps. Informationen unter Tel. 74 17 04.

in der Lagune südöstlich von Novigrad, Pool.
Cittar: Novigrad, Tel. 75 77 37, Fax 75 73 40, teuer.
Originelle Lage direkt an der Stadtmauer, geschmackvolles Interieur und ausgezeichnetes Gartenrestaurant.
Sol Stella Maris: Umag, Savudrijska cesta bb, Tel. 71 00 00, Fax 71 09 99, teuer.
Feriendorf um eine Lagune, Appartements und Bungalows, riesiges Freizeitangebot.

Camping
Camping Baia Blanca: in einem Pinienwald südlich von Novigrad, Tel./Fax 75 86 16. Restaurant, Supermarkt und großes Wassersportangebot.
Kamp Ladin Gaj: Umag, Lovrecica, Tel. 75 63 03, Fax 75 62 30.
Erst kürzlich komplett überholter Campingplatz mit Schiffsanleger und breitem Aktiv-Angebot.

Konoba Buščina: Marija na Krasu, Buščina 18, Tel. 73 20 88, moderat.
Istrische Delikatessen wie Lamm- und Kalbsbraten, aber auch Fisch und Njoki (5 km nördlich von Umag).
Damir, Novigrad, Zidine 5, Tel. 75 81 34, moderat.
Konoba im Altstadtkern mit großem Fischangebot. Delikat sind die Muscheln vom Rost (um 40 Kn) und Seebarsch in Salzmantel (um 80 Kn).
Giovanni: Novigrad, Stanzia Rosello bb, Tel. 75 71 22, teuer.
Südlich von Novigrad mit Panoramablick auf die Altstadt serviert das Restaurant köstliches Meeres-Risotto! Fisch aus dem Backofen um 100 Kn.

Filigranschmuck wird in vielen Läden feilgeboten. Selbstversorger finden einen täglichen **Bauernmarkt** an der Hauptstraße vor der Altstadt.

Fest des Schutzpatrons **Sv. Pelegrin,** Umag, 23. Mai.
Im Sommer finden **Konzert- und Jazzabende** in der abends für den Autoverkehr gesperrten Altstadt statt.

Touristenbahn zwischen Umag und Katoro.

Opatija

Lage: E 3
Vorwahl: 051
Einwohner: 10 000
Extra-Tour 2: s. S. 86

Opatija, das sich mit seinen Villen und Hotels vom Fischerdorf Volosko nach Süden die Bucht entlang ausbreitet und längst mit den Nachbarorten Ičići und Ika zusammengewachsen ist, verdankt seine Entwicklung zum Kurbad dem Rijeker Händler Iginio Scarpa. Der wohlhabende Herr ließ eine Villa errichten und eine Parkanlage mit exotischen Gewächsen aus aller Welt pflanzen. Die ›Villa Angiolina‹ und der große, schattige Park waren lange Zeit der Mittelpunkt der rasch emporstrebenden Siedlung. Adel und Könige, Filmstars und begüterte Kaufleute verbrachten in Abbazia ihre Ferien und kurierten dabei auch manches Leiden, denn österreichische Ärzte hatten dem Ort besondere heilklimatische Bedingungen attestiert. 1884 wurde das erste Hotel eröffnet (das heutige ›Kvarner‹), dem weitere Gästehäuser und Kuranlagen folgten. Doch im Gegensatz zu heute, wo Opatija vor allem in den Sommermonaten von Erholungshungrigen überrannt wird, fiel die Hauptsaison damals in den Winter und das Frühjahr. Die restaurierten Prachtbauten aus der guten alten k. u. k.-Zeit entlang der palmenbestandenen Uferpromenade prägen Opatijas Ortsbild bis heute; Istrisch-venezianisches ist im Nachbarort Volosko zu sehen.

Villa Angiolina: 1844 von Ignazio Scarpa erbaut war der rosafarbene, klassizistische Bau zunächst privates Refugium und diente später als Konferenzzentrum, Touristeninformation und Sitz der Kurverwaltung. Nun ist ein Tourismusmuseum in den prachtvollen Räumen geplant. Besucher können sich in dem kühlen, aromatisch duftenden Park von der Mittagshitze erholen und das Denkmal Friedrich Schülers bewundern, der sich etwas indigniert von einer mit bunter Graffiti geschmückten Mauer abwendet. So ›verunstaltet‹ hatte der Direktor der Wiener Südbahn sich sein Projekt ›Kurbad Opatija‹ wohl nicht vorgestellt. Der moderne Gast mag das Nebeneinander von Geschichte und Jugendkultur aber gerade reizvoll finden.

Hotel Kvarner-Amalia: Das erste Hotel Opatijas strahlt im Habsburger Gelb über die Bucht. Reisegruppen werfen bewundernde Blicke auf den historischen Bau, in dem es noch heute sehr vornehm und elegant zugeht – wenngleich der Zahn der Zeit im Inneren deutliche Spuren hinterlassen hat.

Kirche des hl. Jakob: Opatijas einziges Bauwerk aus der Zeit vor dem Tourismusboom steht in einem kleinen Park südlich des ›Hotels Kvarner‹. Ab 1440 ist die Existenz einer Abtei verbürgt, doch nur deren Kirche widerstand dem Verfall.

Gruß ans Meer: Die bronzene, von Möwen umschwärmte Nymphe unweit der Kirche Sv. Jakob ist Opatijas Wahrzeichen. 1956 wurde sie von dem Bildhauer Zvonko Ĉar geschaffen

Volosko: Opatija hat das alte Fischerdorf längst als eigenen ›Stadtteil‹ annektiert. Auf der Uferpromenade läuft man in etwa 15 Minuten idyllisch zwischen Meer und Parks nach Norden zu dem hübsch in einer Bucht gelegenen Ort mit seinen engen, steilen Gassen. Während in Opatijas Restaurants eher Allerweltskost dominiert, gilt Volosko als Geheimtipp für Gourmets.

Die meisten Hotels an der Uferpromenade Šetalište Maršala Tita besitzen eigene, in den Felsstrand gebaute Badeanlagen (Lidos). Ein attraktives öffentliches Strandbad ist das **›Slatina‹** (Šet. M. Tita 113) mit Verleih von Liegen, Sonnenschirmen und Tretbooten (weitere Strände s. Ausflüge S. 56).

Klassiker unter den Aktivitäten um Opatija ist der **Spaziergang** an dem in die Felsen

Die Nymphe ist Opatijas Wahrzeichen

über dem Meer gehauenen Uferweg, der von Volosko bis nach Lovran auf 12 km Länge die Küste säumt. **Mountainbikes** für Touren ins gebirgige Hinterland vermietet DaRiva, Šet. M. Tita 162, Tel. 27 24 82, E-Mail da-riva@iridis.com (auch Fahrradverleih und Ausflüge per Boot). Mehrtägige **Segelturns** zu den Inseln der Kvarner Bucht organisiert Katarina line, Šet. M. Tita 75, Tel. 27 21 10, E-Mail: katarina-line@ri.tel.hr. **Tauchen** s. Lovran, S. 48.

Wanderung auf den Vojak (Učka): Ideal für einen kühleren Urlaubstag: Mit dem Auto fährt man bis zum 822 m hohen Poklon-Sattel und folgt dann dem Wanderweg auf den 1396 m hohen Vojak, den höchsten Gipfel des Učka-Massivs, das die Kvarner Bucht vor Westwinden schützt und ihr das milde Klima verleiht (1 Stunde). Eine Karte mit diesem und vielen anderen Wanderwegen im Učka-Massiv gibt's bei der Touristeninformation.

Ičići & Ika: Die beiden südlich an Opatija anschließenden Orte besitzen kleine Kiesbuchten, an denen man bequemer baden kann als in Opatija. Ika verwöhnt zudem mit einem netten Hotel und dessen ausgezeichnetem Restaurant (s. u.).
Kastav: Ein mittelalterliches Städtchen, umgeben von wehrhaften Mauern, in die ein Stadttor hineinführt, und überragt von der im 18. Jh. erbauten Kirche. Deren aus der Gründungszeit stammende Schwester am Ortsrand gibt als efeuumrankte Ruine ein romantisches Bild ab. Ein Museum im Stadttor widmet sich der Geschichte des 800-Seelen-Ortes, der um 1400 die Stadtrechte erhielt (tgl. 15–17 Uhr, Info unter Tel. 69 14 52). Gedenktafeln erinnern an die kulturelle Bedeutung von Kastav, hier wurde 1866 die erste kroatische Bibliothek eröffnet.

Turistička zajednica: N. Tesle 2, Tel. 27 17 10, Fax 27 16 99, im Internet unter www.multilink.hr/tz-opatija

Opatija: Gortanov trg 2/1, Tel. 27 13 88, Fax 27 13 17, moderat.
Historisches Haus am Hang über der Badeanlage Slatina.
Ika: Primorska 16, Tel. 29 17 77, Fax 29 20 44, moderat.
Freundliches, familiär geführtes Hotel in Ika, direkt am Strand. Die Zimmer zur Straße sind etwas laut.
Istra: Šet. M. Tita 217, Tel. 27 12 99, Fax 27 18 26, teuer.
Direkt am Meer und ein gutes Stück südlich des Ortszentrum wird das Haus als All-inclusive-Anlage geführt; Hallenbad, hoteleigener Strand.
Kvarner Amalia: Park Sv. Jakova 4, Tel. 27 12 33, Fax 27 22 02, teuer.
Opatijas Schmuckstück hält von Innen nicht, was es von außen (renoviert) verspricht. Etwas muffig die Atmosphäre, abgewohnt die Zimmer. Dennoch Nummer Eins für alle, die in historischem Ambiente ihre Ferien verbringen möchten.
Ambassador: F. Peršića, Tel. 27 12 11, Fax 27 17 72, teuer.
Hier ist es umgekehrt: Außen eher abschreckend wirkt das am nördlichen Ende der Bucht gelegene Haus (Opatijas höchstes), innen dafür im renovierten Trakt perfekt, die restlichen Zimmer in Ordnung. Herrlicher Blick über die Bucht, sehr aufmerksames Personal und paradiesische Ruhe.
Mozart: Šet. M. Tita 138, Tel. 27 18 77, Fax 27 17 39, Luxus.
Perfekt renoviertes Schmuckstück in elegantem Jugendstil. Zum Strand geht's über die Straße.
Millenium: Šet. M. Tita 9, Tel. 27 17 00, Fax 20 20 20, Luxus.
Opatijas Fünf-Sterne-Anlage mit historischem Kern und modernen Anbauten direkt am Strand im Ortszentrum genügt höchsten Ansprüchen an Komfort.

Madonnina: ul. Grdinić Roberto, Tel. 27 25 79, günstig.
Sympathische Pizzeria, versteckt in ruhiger Lage hinter dem Hotel Kvarner.
Istrska konoba: Volosko, Tel. 70 11 44, moderat.
Das urige Lokal in der Altstadt über dem Hafen serviert neben Fisch auch istrische Spezialitäten wie Njoki und Wild. Fisch um 180 Kn/Kilo.
Dopolavoro: Učka 9, Tel. 29 96 41, moderat.
Das Restaurant in der kühlen Waldluft auf dem Poklon-Sattel ist auf rustikale Gerichte wie Wildschwein, Pilze (Herbst), Fuži und Maneštra spezialisiert.
Ika: s. Unterkunft, moderat.
Der Fisch wird direkt vor dem Haus von den Booten entladen; Delikatessen wie Nudeln mit Lachs und Spargel oder die Presssack-ähnliche Wurst ›Kulen‹ ergänzen das Angebot. Fisch um 200 Kn/Kilo.
Kukuriku: Kastav 120, Tel. 69 14 17, moderat.
Vor den Toren der Altstadt serviert die Chefin des Hauses in einem schattigen Garten ausgezeichneten Fisch, in der Saison auch Wild und Trüffel.
Amfora: Volosko, Tel. 70 12 22, teuer.
In Panoramalage sitzt man mit Blick auf Volosko und die Küste vor Opatija; dazu gibt's alles, was das Meer hergibt, in absoluter Frische und delikat zubereitet. Fisch um 200 Kn/Kilo.
Atlantik: Šet. M. Tita 187, Tel. 27 18 35, teuer.
Opatijas Top-Adresse für alles, was aus der Adria kommt. Fisch um 220 Kn/kg.

Filigranschmuck beherrscht das Angebot der Geschäfte in Opatija. Vormittags lädt der

Markt mit Fischhalle sowie großem Obst- und Blumenangebot zum Bummel ein.

Konzert- und Theateraufführungen werden in der Hochsaison im **Open-Air-Theater** veranstaltet. Die Jugend verbringt ihre Nächte in der **Disco ›Madonna‹** bei House und Techno.

Busse der Linie 32 verkehren in 20-minütigen Abstand von Opatija nach Rijeka.

Pazin

Lage: C 4
Vorwahl: 052
Einwohner: 5500
Extra-Tour 5: s. S. 92

Im geografischen Zentrum Istriens gelegen, ist die am Rand der 130 m tiefen Fojba-Schlucht gegründete Altstadt heute Verwaltungssitz der Halbinsel. Bereits im 10. Jh. wurde Pazin erstmals in Urkunden erwähnt; die Habsburger bauten das Kastell aus, begründeten die Unterstadt und verleibten der Grafschaft auf dem Höhepunkt ihrer Blüte 25 weitere Gemeinden ein. Zwischen modernen Wohnblocks ist die alte Bausubstanz auf den ersten Blick kaum auszumachen; doch im Burghof des Kastells wird die mittelalterliche Vergangenheit des Städtchens mit seinen schmalen, hohen Häusern sehr lebendig – vor allem an den Jules-Verne-Tagen, wenn Jugendliche in historischen Gewändern durch die verwinkelten Gassen promenieren. Jules Verne soll seinen Roman »Mathias Sandorf« von Pazins Kaštel und der Fojba-Schlucht inspiriert verfasst haben.

Kaštel: Die Burg aus dem 13./14. Jh. ist mit ihren Wehrgängen und der Zisterne im Innenhof hervorragend erhalten. Begrenzt vom ›Höllenloch‹, in dem das Flüsschen Pazinčica in der Unterwelt des Karstes verschwindet, war die Festung quasi uneinnehmbar, wenngleich sie anders als sonst in Istrien üblich nicht auf der Kuppe eines Hügels thront.
Sv. Nikola-Kirche: Im 13. Jh. gegründet und im 18. barockisiert besitzt die Pfarrkirche wundervolle gotische Fresken im Presbyterium.

Etnografski muzej Istre: Mo–Sa 10–18 Uhr. In den Räumen des Kaštel zeigt Istriens schönstes Museum Hausrat, Trachten und Bautraditionen der Region. Sonderausstellungen beleuchten besondere Aspekte wie beispielsweise die Auswirkungen der Industrialisierung und des Tourismus auf die Alltagskultur.

Wanderwege führen um Pazin und nach Beram. Von Grašišće kann man auf dem ›Weg des heiligen Simeon‹ 10 km an Kapellen, einer alten Wassermühle und einem Wasserfall vorbei durch hügelige Landschaft wandern. (Pläne bem Info-Büro Pazin).

Beram: Östlich des 6 km entfernten Dorfes sind in der Kirche **Sv. Marija na Škriljinah** wunderbare gotische Wandfresken erhalten, die ein ernstes Motiv, den »Totentanz« bäuerlich-derb, ja fast fröhlich abbilden. 1474 entstand das eigenwillige Werk: Hand in Hand mit Gevatter Tod schreiten Arme und Reiche, Junge und Alte im Reigen die Wand entlang. Andere Fresken zeigen den »Sündenfall« und ein »Glücksrad«. Den Schlüssel für die Kirche bekommt

Im Ethnografischen Museum in Pazin

man in Beram (Haus Nr. 22 oder 33, Tel. 62 24 44 oder 62 20 888).

Grašišće: 7 km südöstlich von Pazin ist das im 12. Jh. erstmals erwähnte Städtchen ein Paradebeispiel für die wehrhaften istrischen Siedlungen, in denen heute aber kaum noch jemand leben mag. Mehrere gotische Kirchenbauten, darunter die Kirche Majke božje mit ihrer vorgesetzten Säulenhalle oder die gotische Kapelle mit üppigem, steinernen Rankenwerk an den Spitzbogenfenstern sind Sinnbild der früheren Bedeutung und des Reichtums von Grašišće.

Turistička zajednica: Prolaz Vincenta iz Kastva 2, Tel. 62 24 60, E-Mail: tz-pazin@pu.tel.hr.

Motel Lovac: Šime Kurelića 4, Tel. 62 43 24, moderat. Ein nettes, einfaches Haus an der Fojba-Schlucht.

Poli Nina: Pazin, Trg pod lipom 2, Tel. 62 20 22, billig. Lokal im Ortszentrum mit guter istrischer Hausmannskost, das vor allem bei den Einheimischen beliebt ist.

Konoba Marino: Gračišće, Tel. 68 70 81, moderat. In dem istrischen Landgasthof im Ortszentrum gibt es Fuži mit Reh und Maneštra mit jungem Mais.

Ende Juni werden die **Jules-Verne-Tage** mit historischen Kostümen und nachgespielten Szenen aus »Mathias Sandorf« gefeiert. Ende August veranstaltet der Jules-Verne-Klub den **›Tag der Fojba-Schlucht‹**, bei dem es vor allem um den Schutz und die Erforschung der Karsthöhlen geht, die durch Industrieabwässer der Stadt stark verunreinigt sind. Am 15. Juni feiern die verbliebenen Bewohner der Museumsstadt Grašišće zusammen mit vielen Besuchern das **Fest des St. Vitus,** ihres Patrons, mit einem lustigen Eselsrennen.

Eisenbahnverbindung nach Pula bzw. in Richtung Ljubljana.

Eine der eindrucksvollsten Naturschönheiten Kroatiens: der Nationalpark Plitvička jezera

Plitvice

Lage: nicht auf der Karte
Vorwahl: 053
Extra-Tour: möglich als Anschluss an Tour 3, s. S. 88

Der 29 462 ha große Nationalpark Plitvička jezera ist eine der eindrucksvollsten Naturschönheiten Kroatiens und Karl-May-Fans als Drehort vieler Szenen der Winnetou-Filme bekannt.

16 große und kleine Seen schimmern in dichtem Waldesgrün in allen Nuancen von Dunkelblau bis Helltürkis; dazwischen stürzen ihre Wasser und Zuflüsse über kahle Felswände herunter oder hüpfen munter über niedrige Travertin-Stufen, es sprudelt, rauscht, murmelt und gurgelt, wie graue Schatten huschen Forellen dicht unter der Wasseroberfläche dahin, Libellen tanzen zwischen Tautropfen und Sonnenlicht – kurzum: Plitvice ist ein märchenhaft verwunschenes Feenreich. Nach der eher deprimierenden Fahrt von der Küste durch die noch deutlich vom Krieg gezeichneten Dörfer der Hochebene Gačko polje, in denen der Wiederaufbau offensichtlich nur langsam voranschreitet, wirkt Plitvice wie ein Traum. Dabei wurde auch hier 1995 gekämpft, doch die Spuren sind beseitigt und Bären, Luchse und allerlei anderes Getier in ihre bewaldete Heimat zurückgekehrt.

Plitvice liegt 130 km von Rijeka entfernt, die Fahrtzeit beträgt drei Stunden – doch das Naturschauspiel ist die anstrengende Anreise allemal wert! Man sollte sich aber unbedingt eine Übernachtung gönnen, bevor man sich wieder auf den Rückweg macht.

Zwei **Eingänge** führen zu den Naturschönheiten des Nationalparks: einer unterhalb des Hotels Jezero, der zweite am nördlichen Ende der Seenkette, etwa 130 Höhenmeter oberhalb gelegen. Entlang der Seen verlaufen hervorragend unterhaltene und markierte **Wanderwege,** und wer genug gelaufen ist, kann den Rückweg in einem elektrisch betriebenen **Panoramabus** oder per Schiff antreten, das den größten See Kozjak in seiner gesamten Länge überquert. Am besten unternimmt man zwei Besichtigungstouren: Der Weg um die **Donja jezera,** die unteren Seen, ist am frühen Morgen besonders schön, weil die Sonne nur vormittags für die idealen Lichtverhältnisse sorgt. Hier sieht man auch den berühmten Plitvice-Fall, mit 76 m die höchste Kaskade des Nationalparks (Dauer etwa 2–3 Stunden). Der Nachmittag gehört den **Gornja jezera** (Obere Seen), einer wildromantischen, von zahllosen kleinen Fällen und winzigen Seeflächen gesprenkelten Landschaft, die durch Stege und Brücken erschlossen ist (etwa 3–4 Stunden). Man wandert durch Farnhaine, sieht Felsen weiß zwischen dunklen Laubbäumen blitzen und vom Kalk umhüllte Bäume und Pflanzen auf dem Grund der stillen Wasserflächen wuchern.

Nacionalni park Plitvička jezera: Plitvička jezera, Tel. 75 10 15, Fax 75 10 13, www.np-plitvice.tel.hr/np-plitvice. Informationen gibt es bei den beiden Eingängen, lassen Sie sich je nach Tageszeit und Konstitution von den Angestellten eine Route empfehlen – sehr freundliches und hilfsbereites Personal.

Jezero: Plitvička jezera, Tel. 75 14 00, Fax 75 16 00, teuer.
Komplett renoviert und mit allem Komfort ausgestattet; sehr gutes Restaurant, Pool, Kinderclub und Blick auf den Kozjak-See. Abends tanzen die Glühwürmchen um die Terrasse.

Plitvice: Plitvička jezera, Tel. 75 12 00, Fax 75 11 65, moderat.
Auch dieses Hotel soll durch Renovierung aufgewertet werden. Vorläufig kann man in dem angenehmen, etwas veralteten Haus aber noch günstig wohnen.

Camping

Autokamp Korana: Plitvička jezera, Tel. 75 18 88.
Der Zeltplatz liegt 8 km vom Eingang beim Hotel Jezero entfernt.

Lička kuča: am Nordeingang, Tel. 75 10 24, moderat.
Nettes Restaurant, dessen deftige

Fleischgerichte und Forellen vom Grill in der kühlen Waldluft besonders gut schmecken.

Restaurant des Hotels Jezero: s. Unterkunft, teuer.
Feine Küche, vor allem die frischen Forellen sind empfehlenswert.

Über **Busverbindungen** an die Küste (nach Senj) informieren die Hotels und Informationsstellen im Park.

Poreč

Lage: A 4
Vorwahl: 052
Einwohner: 17 000
Extra-Tour 1: S. 84

Mit der auf einer Halbinsel gelegenen Altstadt, der lebhaften Marina und dem Hotelinselchen Sv. Nikola wirkt Porečs Stadtzentrum wie von einem überaus geschickten Tourismusmanager in Szene gesetzt. Eines der bedeutendsten Kulturdenkmäler Istriens, die Euphrasius-Basilika, der malerische, venezianische Stadtkern, die Uferpromenade mit ihren zahllosen Andenkenständen und der neuere Stadtteil Fora la porte mit Boutiquen und schicken Restaurants sind auf engem Raum vereint und bieten den Gästen von frühmorgens bis spät in die Nacht Kultur, Unterhaltung, Shopping und alle nur erdenklichen sportlichen Aktivitäten. Und die zauberhaften Badebuchten Plava und Zelena Laguna sind nur wenige Kilometer entfernt. Dass eine so schöne Lage bereits römische Erholungshungrige anzog, belegen Überreste antiker Bauten. Danach stürmten verschiedene Völker über Poreč hinweg, bis es zwischen 1267 und 1797 unter der Herr-

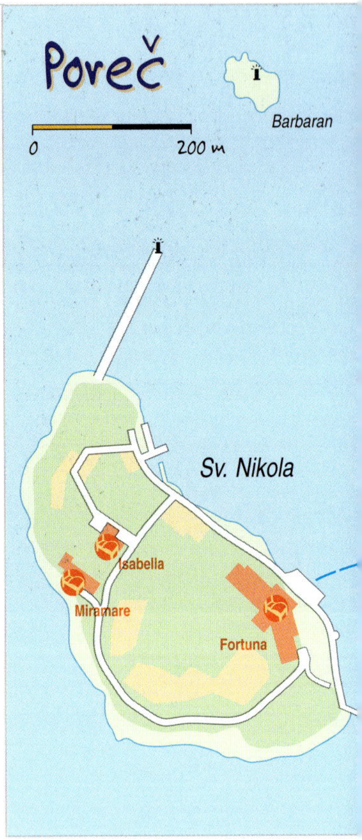

schaft der Serenissima wieder recht ruhig und gesittet zuging. Schließlich drückten die Habsburger der Stadt ihren architektonischen Stempel auf, und in jugoslawischer Zeit entstanden die Ferienhotels und Campingplätze, die heute einem Drittel der Istrientouristen Unterkunft bieten.

Euphrasius-Basilika (Eufrazijeva bazilika): tgl. 7–19 Uhr. Am Nordrand der Altstadt gelegen besticht die im 6. Jh. errichtete Kirche durch wertvolle byzantinische Mosaiken, die vor allem in der zentralen Apsis hervorragend erhalten

sind. Golden glänzen Heilige und Engel von dem Gewölbe auf die Gläubigen herab, und in ihrer Mitte sitzt Maria mit dem Jesuskind. Aufmerksamkeit verdienen auch die fein mit Stuck überzogenen Arkadenbögen im Kirchenschiff, das 1277 errichtete und mit Mosaiken geschmückte Ziborium und das zierliche Atrium. Die Basilika zählt zum UNESCO-Weltkulturerbe.

Mittelalterliche Festungsmauer: Sie säumt den Nordrand der Halbinsel zwischen dem Nordost-Turm und dem Hotel Riviera. Am Beginn des Decumanus ist noch ein eigenwilliger, fünfeckiger Festungsturm erhalten; weiter westlich blickt sein rundes Pendant wachsam aufs Meer. Beide wurden im 15. Jh. wegen der ständigen Überfälle osmanischer Truppen errichtet.

Decumanus: Bis heute ist der römische Name für die Hauptstraße erhalten, die Porečs Altstadt von Ost nach West durchschneidet und am ehemaligen Forum, dem Trg Marafor, endet. Gesäumt ist die Straße von herrlichen Palazzi der venezianischen Epoche mit verspielten gotischen Spitzbogenfenstern und dem obligatorischen Wappen der Republik, dem Markuslöwen. Bemerkenswert ist das

Einkaufsstraße und Flaniermeile: Decumanus in Poreč

Romanische Haus (Romanička kuća) aus mächtigen Steinquadern, dessen oberste Etage mit einem umlaufenden Holzbalkon geschmückt ist. Die Boutiquen und Schmuckgeschäfte des Decumanus ziehen mit ihren Auslagen Touristen wie Einheimische an, und wer sein Geld nicht für Filigranschmuck ausgeben will, kann es bei den vielen Eisdielen anlegen, die ihr buntes, süßes Sortiment verlockend präsentieren.
Trg Marafor: Das ehemalige römische Forum ist ein idyllischer, mit Oleanderbüschen bestandener Platz mit alten Häusern. Porečs römisches Erbe träumt recht unscheinbar in einer Grünanlage vor sich hin: Säulenstümpfe und Fundamente gehörten wahrscheinlich zu einem Neptuntempel.

Etnografski muzej poreštine: im Sinčić-Palais am Decumanus, tgl. 10–12 und 18–22 Uhr.
Römisches Lapidarium im Erdgeschoss, darüber in den Salons des Palazzo Kunst und Gemälde sowie eine Skulpturensammlung aus dem Frühmittelalter.

Das **Stadtbad** an der Westspitze der Altstadt ist bei Einheimischen beliebt; schöner lässt sich's aber an den nahe gelegenen Stränden **Plava Laguna** und **Zelena Laguna** (Blaue und Grüne Lagune, südlich) sowie **Ĉervar** und **Lanterna** (nördlich) im Wasser plantschen. Die von Hotelanlagen und Campingplätzen gesäumte, buchtenreiche Küste ist eine einziges, 20 km langes Freizeitparadies mit zahlreichen FKK-Plätzen.

Bungee-Jumping: Sport Center Hotel Pical in der Pical-Bucht, Tel. 40 60 00, tgl. 12–21 Uhr. Sprung aus 65 m Höhe.
Tauchen: Sub Center Brulo, Plava Laguna, Tel. 45 15 66; Diving Center Zelena Laguna, Tel. 41 05 94. Tauchkurse, Ausrüstungsverleih und Exkursionen.
Paragliding: Sky Ride, Insel Sv. Nikola, Mob. 098-22 95 71.

Wasserskilift: Galeb, Plava Laguna, Tel. 41 01 01.
Größter Skilift der Adria mit zehn Zugleinen!
Marina Parentium: Poreč, Zelena Laguna, Tel. 45 22 10, Fax 45 22 12, 180 Liegeplätze.
Fahrradfahren: Hervorragend ausgeschilderte Wege führen nach Norden bzw. Süden und ins Landesinnere (Karte beim Tourismusverband). Fahrradverleih bei den Hotels und bei Vetura Rent a bike, Zelena Laguna, Tel. 45 13 91.

Vrsar: Eine hübsche, lebhafte Altstadt, breites Freizeit- und Sportangebot und Relikte der Stadtbefestigung aus dem 13. Jh. machen Vrsar zu einem beliebten Ausflugsziel. Am späten Nachmittag strömen die Gäste der umliegenden Hotels durch die schmalen Gassen, lassen sich Henna-Tatoos applizieren, Zöpfchen flechten oder von Malern porträtieren. Eine romanische Kostbarkeit ist die Basilika der hl. Maria vom Meer (Sv. Marija od mora), deren Fundamente aus dem 8. Jh. stammen. Ihre heutige Gestalt erhielt sie im 12. Jh.
Tar: Der nördlichste Ort der Riviera von Poreč liegt inmitten von Olivenhainen, deren Öl eine besonders gesundheitsfördernde Wirkung nachgesagt wird.
Grotte Baredine: Nova Vas, Tel. 42 13 33, E-Mail: jama-baredine@pu.tel.hr, April–Okt. ganztags geöffnet. Die Tropfsteinhöhle wird auf einem 40minütigen Rundgang besichtigt. Man passiert die 10 m lange ›Gardine‹, den ›Schiefen Turm von Pisa‹, den ›Schneemann‹ und viele andere Skulpturen, die das stetig herabrieselnde Wasser geschaffen hat. Grottenolme, Krebse und Käfer bevölkern die unterirdische Zauberwelt. Abenteuerlustige können freitags zu einer ganztägigen Exkursion, ausgerüstet mit Helm und Karbidlampen aufbrechen.
Boškarin: Das Ausflugslokal ›Stancija Boškarin‹, Brežac 1, Višnjan, Tel. 44 91 84, ca. 10 km nordöstlich von Poreč ist auf die Bewirtung großer Gruppen eingerichtet. Empfehlenswert ist ein Besuch dennoch, denn hier kann man jene *boškarin* genannten Rinder sehen, die früher in Istrien gehalten wurden. Die kräftigen zumeist hellen Tiere mit leierförmigen Hörnern und tief herabhängender Wamme waren als gute ›Arbeiter‹ geschätzt. Heute sind sie nahezu ausgestorben.

Turistička zajednica: Zagrebačka 11, Tel. 45 12 93, Fax 45 16 65, im Internet unter www.istra.com/porec.

Neptun: Obala M. Tita 15, Tel. 40 08 00, Fax 43 13 51, moderat.
Freundliches Stadthotel, durch die Lage an der Uferstraße etwas laut, dafür aber am Puls des Geschehens.
Parentino: Poreč, Obala M. Tita 18, Tel. 40 08 00, Fax 43 13 51, moderat.
Der klassizistischer Bau an der Uferpromenade ist ein Haus für Nostalgiker; die Inneneinrichtung ist allerdings etwas überholt.
Village Petalon: Vrsar, Tel. 44 11 98, Fax 44 18 30, moderat.
Feriendorf mit einfachen Bungalows und hübscher Poollandschaft südlich von Poreč.
Aparthotel Isabella: Sv. Nikola, Tel. 40 60 00, Fax 45 11 19, teuer.
Apartments in einer Villa vom Ende des 19. Jh., eigener Strand.
Fortuna: Sv. Nikola, Tel. 40 60 00, Fax 45 11 19, teuer.
Baden mit Blick auf die Stadtkulisse von Poreč. Das Hotel verfügt über diverse Sportmöglichkeiten

und ist vor Kurzem komplett renoviert worden.
Parentium: Zelena Laguna, Tel. 41 15 00, Fax 45 15 36, teuer.
Komfortanlage in der Grünen Lagune mit allen Annehmlichkeiten, die des Feriengastes Herz begehrt, und eigenem Strand.

Camping
Camp Lanterna: Tel. 40 45 00.
12 km nördlich von Poreč ist der Campingplatz eine ›Stadt im Kleinen‹ mit vielfältigen Sportmöglichkeiten, einem Erlebnis-Meerwasserpool und schattigen Stellplätzen.
Camp Koversada: Tel. 44 13 78, Fax 44 17 61.
Einer der schönsten und größten FKK-Campingplätze Kroatiens auf einer Halbinsel vor Vrsar.

Cardo: Poreč, Cardo Maximus 7, Mobil-Tel. 098-25 51 64, moderat.
Nette Pizzeria, beliebt bei der einheimischen Jugend.
Barilla: Eufrazijeva 26, Tel. 45 27 42, teuer.
Mit den gleichnamigen Nudeln hat das gemütliche Restaurant wenige Schritte von der Euphrasius-Basilika nichts zu tun. Die Küche gibt sich mediterran-istrisch und serviert Hummer auf Polenta oder Njoki mit Trüffel (Meeresfrüchte-Vorspeise um 50 Kn).
Dvi Mure: Poreč, Grožnjanska 17, Tel. 43 41 15, teuer.
Gratinierte Muscheln, Fisch im Salzmantel oder Fuži mit Wild – in diesem ausgezeichneten Restaurant ca. 1 km nördlich des Zentrums schmeckt alles! Fisch im Salzmantel um 90 Kn.
Konoba Bare: Funtana, Kamenarija 4, Tel. 44 51 93, teuer.
Die Konoba südlich von Poreč serviert neben Fischgerichten auch Kalbshaxe und delikaten Pršut.
Lapidarium: Poreč, Sv. Maura 10, Tel. 45 24 80.
Idyllisches Café mit Tischen im Innenhof des Museums, abends gelegentlich Live-Bands.

Cardo: Decumanus 9,
Die Museumsgalerie verkauft Lithographien, Keramik und Gemälde istrischer Künstler. Hier findet man sehr geschmackvolle und ungewöhnliche Souvenirs!
Zlatarna Šahini: Decumanus 11, Tel. 43 20 19.
Neben Filigranschmuck gibt es alte, orientalische Stücke wie Dolche, Gürtel etc. – selten und entsprechend teuer.
Duga: Franje Glavinića, 5, Tel. 81 32 03.
In einer engen Seitenstraße des Decumanus werden fantasievolle Kerzen hergestellt und verkauft.

International Club Poreč: tgl. 21–5 Uhr.
Disco und Unterhaltungsprogramm mit Go-Go-Girls, Livemusik und Show-Einlagen beim Hotel Parentium.
Cocktail Bar Comitium: Trg Marafor 15, tgl. 17–2 Uhr.
Longdrinks und Musik am Forumsplatz, Treff der Wohlhabenderen aus Poreč.
Kula Bar: im runden Festungsturm. In dem alten Gemäuer und oben auf der Dachterrasse trifft sich die Jugend zu Drinks und romantischen Sonnenuntergängen.

Sommerfestival im Juli/August in Poreč mit Musikaufführungen, auch in der Euphrasius-Basilika.

Busverbindungen nach Rijeka und Pula; Pendelverkehr zu den Feriengebieten im Norden und Süden.

Pula

Lage: C 7
Vorwahl: 052
Einwohner: 70 000
Extra-Tour 1: S. 84

Im Gegensatz zu den anderen istrischen Küstenorten gleicht Pula schon fast einer Großstadt. Ein bedeutender Hafen, der unter den Habsburgern zum Marinestützpunkt ausgebaut wurde, Werften, Industrie und die Neubauviertel zeigen, dass Pula nicht nur vom Tourismus leben muss. Dank der einzigartigen, durch zahllose Buchten, Halbinseln und fjordartige Kanäle gegliederten Küste hat aber natürlich auch der Fremdenverkehr einen wichtigen Stellenwert im Wirtschaftsleben.

Die meisten Sehenswürdigkeiten stammen nicht aus jüngerer, sondern aus römischer Zeit. Immer wieder trifft man in der sehr großzügigen und durch Grünflächen aufgelockerten Altstadt auf Tore, Säulen oder Mosaiken, die teils bis zu zwei Meter unter dem heutigen Straßenniveau entdeckt wurden.

Arena (Amfiteatar): tgl. 8–21 Uhr. Unübersehbar beherrscht sie das Zentrum mit ihren imposanten Maßen von 135 x 105 m und der 33 m hohen Fassade, die das Theaterrund mit Sitzreihen umschließt. Das im 1. Jh. erbaute Amphitheater zählt zu den fünf größten des römischen Reiches! Heute genießen die bis zu 23 000 Zuschauer aber keine blutrünstigen Zirkusspiele, sondern Oper- und Konzertvorführungen.

Forum: Das ehemalige Forum an der Uferpromenade Riva diente späteren Generationen als Rathausplatz, und die noch erhaltenen antiken Baureste wurden kurzerhand in die neuen Bauvorhaben integriert: So sind im Bodenbelag des **Rathauses** (Gradska Palača), das zwischen dem 13. und 16. Jh. errichtet wurde, die Umrisse eines wahrscheinlich Diana geweihten Tempels und dessen Cella zu erkennen. Scheinbar unverändert, tatsächlich aber nach schweren Bombenschäden im Zweiten Weltkrieg originalgetreu restauriert, steht der **Augustustempel** (Augustov Hram) mit seiner tiefen, von Säulen gestützten Vorhalle und der quadratischen Cella neben dem Rathaus.

Stadttore: Von den erhaltenen römischen Torbauten ist sicherlich der **Triumphbogen der Sergier** (Slavoluk Sergijevaca; erbaut 29 v. Chr.) der imposanteste. Er bildet den Abschluss der ul. Sergijevaca, die vom Forum nach Osten führt und bildete früher den zur Stadt gewandten Teil der Porta Aurea, die Mitte des 19. Jh. abgerissen wurde – deshalb fehlt an seiner Rückseite auch jeglicher Schmuck. Vom Triumphbogen nach Norden an der Gartenanlage Giardini entlang gelangt man zum schlichten Bogen des **Herkulestors** (Herkulova Vrata) zwischen zwei mittelalterlichen Rundtürmen. Es ist der älteste römische Stadteingang nach Pula, errichtet um 47 v. Chr. Folgt man der imaginären Linie des ersten Stadtwalls weiter nach Nordwesten, trifft man auf die **Porta Gemina,** einen zweibogigen Durchgang aus dem 2./3. Jh. Durch sie hindurch betritt man einen idyllischen, grünen Park mit einigen Sitzreihen des kleinen römischen Theaters und dem bedeutendsten Museum von Pula (s. u.).

Arheološki Muzej Istre: ul. Carrarina 3, Tel. 21 86 03, Mo–Sa 9–19 Uhr (Sommer), Mo–Fr 9–14 Uhr (Winter).

Was Rom seiner istrischen Kolonie an Kapitellen, Mosaiken, Statuen und Münzen hinterlassen hat, ruht nun gut präsentiert in den Räumen des Archäologischen Museums.

Hotels und Badestrände ziehen sich südlich von Pula die Küste entlang; Zentren sind Medulin und Premantura. In der Stadt selbst sollte man wegen des Hafens besser auf den Sprung ins Wasser verzichten.

Fahrradverleih: Marco Polo, Medulin, Brajdine 44a, Tel. 57 68 19.
Eine schöne Mountainbike-Tour führt auf die Halbinsel Kamanjak (s. Premantura S. 69).

Tauchen: Discovery Scuba Centre, Medulin, beim Hotel Medulin, Tel. 22 36 20.
Ausrüstungsverleih, Exkursionen und Tauchkurse.
Windsurfen: Die Halbinsel Kamanjak gilt als ausgezeichnetes Surfrevier. Ausrüstungsverleih und Kurse bietet an: Sportzentrum A & M Premantura, Camping Stupice, Tel. 57 51 38 oder 098-25 56 20.
Kinder: Family Park Aquamarin, Medulin, Burle 7, Tel./Fax 57 69 71.
Spiel und Spaß für Kinder und jung gebliebene.
Rundflug: Aerodrom Medulin, Mob. 099-51 35 95.
Ein besonderes Landschaftserlebnis: Pula und die buchten- und inselreiche Küste von oben!

Vodnjan: Etwa 10 km südwestlich von Pula wieder ein mittelalterliches Städtchen, dessen Häuser in zwei eng bebauten Reihen um den Hauptplatz herum zugleich als Verteidigungswall gegen Angreifer dienten. Hauptanziehungspunkt ist das barocke Gotteshaus, in dem drei mumifizierte Heilige aufbewahrt werden: Leon Bembo, Johannes Olinius und Nicolosa Bursa sind erstaunlich gut erhalten, obwohl angeblich nichts zu ihrer Mumifizierung unternommen wurde – ein Wunder nach Meinung vieler frommer Istrer. Deshalb ist die Pfarrkirche Sveti Blaž auch Ziel zahlreicher Wallfahrer, die hier um Heilung oder Erfüllung ihrer Wünsche beten. Wenn die Kirche geschlossen ist, kann man den Schlüssel in der ul. S. Rocco 4 holen. Nach dem Besuch der Sakristei verwöhnt das Restaurant S. Rocco, S. Rocco 15, Tel. 51 20 11, moderat, mit istrischen Spezialitäten und krosser Pizza.

Premantura: Der kleine Ort auf der Halbinsel Kamenjak lohnt besonders wegen der idyllischen Landschaft einen Besuch. Wie ein Finger streckt sich Kamenjak nach Süden in die Adria, 30 km Küste mit kleinen und großen Buchten – einsam und unberührt die einen, dicht belegt die anderen – säumen die dicht bewaldete Halbinsel. Winzige Eilande sprenkeln mit ihren grünen Kuppen und weißen Gischtsäumen das Meer. Mehrere Zeltplätze stehen zur Verfügung und sind in der Hochsaison stets bis auf den letzten Platz ausgelastet.

Brijuni-Nationalpark s. S. 28f.

Turistička zajednica Pula: Laginjina 7, Tel. 21 29 87, Fax 21 18 55, www.gradpula.com.

Medulin: Centar 223, Tel. 57 71 45.

Info-Point

Pula besitzt einen futuristischen Info-Point am Forumsplatz. Dort bekommt man Broschüren, Wander- und MB-Karten sowie Infos zu allen nur erdenklichen Aktivitäten. Zudem bietet ein Internet-Café seine Dienste an: Mo–Sa 9–20 Uhr, So 10–14 Uhr, Tel. 21 91 97.

Minerva: Medulin, Sad 33, Tel. 57 67 95, moderat.
Nettes Privathotel, etwa 100 m zum Strand, ruhige Lage.

Milan: ul. Stoja 4, Tel. 21 02 00, teuer.
Das moderne Hotel unweit des Marinefriedhofs besitzt auch ein ausgezeichnetes Restaurant.

Valsabbion: Pula, s. Restaurants, teuer.
So fein wie das Restaurant ist auch das Hotel mit einigen Gästezimmern, Hallenbad und Fitness-Center.

Belvedere: Bucht von Medulin, Tel. 57 66 17, Fax 57 25 49, teuer.
Mit einer Kapazität von knapp 900 Betten wahrlich eine ›Burg‹, aber das Freizeitangebot und der Kiesstrand können sich sehen lassen.

Camping

Autocamp Runke: Premantura bb, Tel. 57 50 22, Fax 22 38 73, www.autocamprunke.com.
Schattiger Platz mit netter Atmosphäre.

Camping Kažela: Tel. 57 74 60, Fax 57 60 50.
Mit eigenem FKK-Bereich. Camping, Bungalows und viele Sportmöglichkeiten.

Sie zählte zu den größten des römischen Imperiums: die Arena in Pula

Jugendherberge
Omladinski Hostel: Zaljev Valsaline 4, Tel. 39 11 33, Fax 39 11 06, E-Mail: hfhs-pula@pu.tel.hr, moderat.
Ca. 2 km vom Stadtzentrum entfernt am Meer gelegen; Istriens einzige Jugendherberge sollte man in der Hochsaison rechtzeitig buchen. JH-Ausweis nicht vergessen!

Zahlreiche einfache Restaurants und Pizzerien findet man in der Altstadt von Pula, in Medulin und Premantura. Einen der folgenden, erstklassigen Gourmet-Tempel sollte man unbedingt einmal besuchen:
Vela Nera: Marina Veruda, Tel. 21 92 09, teuer.
Auf der Terrasse blickt man über die Marina und lässt sich Köstlichkeiten wie Fischfilet mit Pilzen (100 Kn) schmecken.
Valsabbion: Pula, Pješčana uvala IX/26, Tel. 22 29 91, teuer.
Kühl, modern und stilvoll eingerichtet, überzeugt das hoch gelobte Restaurant durch geschickte Kompositionen von Istrischem mit leichter mediterraner Küche. Drei-Gang-Fischmenü um 250 Kn.
Fantazija: Pula, Palisina 29, Tel. 50 63 06, teuer.
Der preisgekrönte Koch serviert an der Marina Veruda neben Fisch auch internationale Spezialitäten. Fischplatte um 90 Kn, Salat von Meeresfrüchten um 40 Kn.

Der **Markt** von Pula gilt als schönster und lebhaftester von ganz Istrien. Am Narodni trg türmen sich Obst und Gemüse, selbst Eingelegtes und Gebrautes und allerlei Souvenirs.

Aquarius: Medulin, unweit des Hotels Belvedere.
Ab 23 Uhr geht's rund in einer der »besten und berühmtesten« Discos Kroatiens.

Open-Air in der Arena: 2000 gastierten beispielsweise so unterschiedliche Künstler wie Joe Cocker, Sting und Andrea Bocelli in den antiken Mauern. Programm- und Ticketinfo beim Fremdenverkehrsamt.

Flughafen Pula, Flüge nach Zagreb, Charter in der Saison; zum Flughafen kommt man mit dem Taxi
Bahnhof, ul. Vladimira Gortana, Züge nach Ljubljana, Triest.
Busbahnhof, Ecke Mate Balote und Istarska, Busse nach Rijeka, Ljubljana, Triest, Rovinj. Nahverkehr zu den Hotelzonen ab Haltestelle Karolina neben der Arena.

Rab

Lage: G 7
Vorwahl: 051
Einwohner: 9000
Extra-Tour 3: S. 88

Zwei Highlights zeichnen die südlichste Insel des Kvarner Golfes aus, deren Gestalt an einen Krebs erinnert: Eine wunderschöne Hauptstadt, die mit ihren Kirchtürmen eine der reizvollsten Fotoperspektiven der Inselwelt bietet, und Sandstrände entlang der Halbinsel um Lopar im Norden. Dazu kommen eine sehr üppige Vegetation, winzige Buchten und ein mildes Klima – kurzum: Rab, etwas abseits der großen Touristenströme im Kvarner gelegen, ist unbedingt einen Tagesausflug oder einen längeren Badeaufenthalt wert.

Lopar: Die weitläufige Streusiedlung schließt wie ein urbaner Riegel die faszinierend unberührte Welt der nordöstlichen Halbinsel ab. Im Westen des Ortes liegt der Hafen, von dem Schiffe nach Krk verkehren, im Osten der Sandstrand San Marino, auch Paradiesstrand genannt; nach Norden führen Wanderwege durch Wälder und über Wiesen zu unzähligen, kleinen Buchten wie dem berühmten ›Sahara-Strand‹, viele FKK-Jüngern vorbehalten. Stolz ist man in Lopar auf einen berühmten Sohn des Ortes: St. Martin, Begründer der Stadtrepublik San Marino, stammte von hier.

Rab: Die Altstadt von Rab liegt auf einer schmalen Landzunge, die fast parallel zum Festland ins Meer ragt und so den Hafen schützt. Kein Wunder also, dass derart günstige Gegebenheiten bereits in römischer Zeit genutzt wurden. Von den Bauten der Antike ist allerdings nichts mehr erhalten – dafür dominieren Romanik, Gotik und Renaissance.

Am Trg Municipium Arba steht der Knežev dvor, ein wuchtiger **venezianischer Palast** aus dem 13. Jh., dahinter geht's durchs Stadttor in die Donja ulica (untere Gasse) mit der hübschen **Loggia,** in der heute ein angenehmes Café residiert. Parallel zu ihr führt die Srednja ulica (mittlere Gasse) durch die Altstadt, und die Gornja ulica schließlich, am höchsten Kamm verlaufend, passiert mehrere Kirchen, deren Türme hintereinandergestaffelt die berühmte **Fotoperspektive** von Rab ergeben. Diese sieht man am schönsten zum Sonnenuntergang vom Wehrturm Sv. Kristofor aus, der als Teil der hier noch erhaltenen Stadtmauer den dahinter liegenden **Komrčar-Park** überblickt. Ab 18 Uhr füllen sich die Gassen mit Einheimischen und Touristen, man spaziert die drei *ulice* auf und ab, begutachtet die Auslagen der Boutiquen und lässt sich das angeblich beste Eis des Kvarner schmecken.

Rab: Fähren sichern die Verbindung zum Festland und den Inseln

Felsiger **Stadtstrand** unterhalb der Gornja ulica und des Stadtparkes Komrčar; Sandstrände um die Halbinsel **Lopar** und besonders bei **San Marino.**

Sport: Jetski, Tretboote, Beachball und Tennis am Paradiesstrand von Lopar. Sportangebot auch an den Stränden um Rab.
Wandern: Die Wanderwege auf der Halbinsel Lopar listet eine Broschüre auf, die man kostenlos beim Fremdenverkehrsamt erhält.
Tauchen: Kron Diving Center, Kampor 413a, Tel. 77 66 20, Fax 77 66 30, www.cpw.de/kron. Exkursionen und Kurse nach CMAS und PADI.
Fahrradfahren: Auf der Halbinsel um Suha Punta südlich der Hauptstadt führen leichte bis schwere Routen durch unberührte Natur.

Ein idyllischer Spaziergang führt durch den Komrčar-Park etwa 2 km am Meer entlang zum romanischen **Kloster Sv. Eufemija** mit einer reichen Bibliothek, einer ethnographischen Sammlung und der **Galeria Testen,** die Werke des Fra Ambrosius Testen zeigt (tgl. 10–12 und 16–18 Uhr).

Turistička zajednica Rab: Donja ulica 2, Tel. 77 11 11, Fax 77 11 10, im Internet unter www.multilink.hr/rab.

Lopar: Tel. 77 55 08, Fax 77 54 87, im Internet unter www.lopar.com.

Istra: Rab, M. de Dominisa bb, Tel. 72 41 34, Fax 72 40 50, moderat bis teuer. Das erst kürzlich komplett renovierte Hotel zwischen Park und Hafen ist eine sehr freundliche und lebhafte Unterkunft in der Stadt.
Imperial: Rab, Palit bb, Tel. 72 45 22, Fax 72 41 26, teuer. Rabs ältestes Hotel wurde mit allerlei Anbauten modernisiert, besitzt durch seine Lage über dem Komrčar-Park und der Altstadt aber immer noch eine wunderbar-nostalgische Stimmung – wenngleich im Inneren überdeutlich der Zahn der Zeit nagt.

Camping
Autokamp San Marino: Lopar, Tel. 77 51 33, Fax 77 52 90. Schöner Zeltplatz an der Paradiesbucht.

Konoba Rab: Rab, Kneza Branimira 3, Tel. 72 56 66, moderat.
Urige Konoba in einem Altstadthaus im historischen Zentrum, neben Meeresrisotto und Muscheln gibt es auch Lamm, Rind oder Schwein vom Rost.
Santa Marija: Rab, Dinka Dokule 6, Tel. 72 41 96, teuer.
Konoba im historischen Zentrum mit elegantem Touch und der von Einheimischen empfohlenen besten Fischküche der Stadt.
Café Art in der Loggia ist ein schöner Platz mit bequemen Korbstühlen, um das Treiben in den Gassen zu beobachten.

Eine Besonderheit von Rab ist das **Armbrustschießen,** das die Männer in traditionellen Kostümen zu allen feierlichen Gelegenheiten aufführen. Informationen beim Tourismusverband.

Fähre Baška (Krk) – Lopar (Rab und Mišnjak (Rab) – Jablanac (Festland).

Rijeka

Lage: E / F 3
Vorwahl: 051
Einwohner: 164 000
Extra-Tour 4: S. 90

Kroatiens wichtigster Hafen und dessen drittgrößte Metropole ist mit ihrer von Wohnblocks dominierten Silhouette und den Industrieanlagen sicherlich kein reizvoller Ferienort. Einen Abstecher in das hübsche Stadtzentrum mit zahlreichen historischen Bauten aus der Zeit der Habsburger Monarchie und der lebhaften Fußgängerzone sollte man aber unbedingt unternehmen. Kroatischer Alltag abseits des Touristenrummels, hübsche Cafés, hervorragende Restaurants und ein sehr malerischer Markt lohnen unbedingt einen Besuch. Und während des Karnevals steht ganz Rijeka Kopf – dann wird Tag und Nacht aufs Fröhlichste und Friedlichste gefeiert.

Korzo: Die Fußgängerzone beginnt am Jadranski trg und passiert, gesäumt von Straßencafés und Kaufhäusern den Stadtturm **Gradski toranj.** Im 15. Jh. als ›Tor zum Meer‹ errichtet und im 18. Jh. umfassend restauriert bildet der Uhrturm heute den Übergang von der im 19. Jh. erbauten Neustadt Rijekas zu ihrem alten, früher von Mauern umschlossenen Kern. Durch den Torbogen gelangt man zum Koblerov trg mit dem alten Rathaus.

Altstadt: Rijekas ältester Stadtteil zwischen Koblerov trg und der Kirche Mariae Himmelfahrt wurde nach Zerstörungen im Zweiten Weltkrieg wiederaufgebaut; es sind aber noch einige alte Häuser mit dickem Mauerwerk und winzigen Fenstern erhalten (beispielsweise in der Užarska ulica). Das Stadttor **Stara vrata** stammt sogar noch aus der römischen Epoche (1. Jh.) und überspannt eine schmale Gasse, die vom Koblerov trg nach Norden führt. Zur Kirche **Mariae Himmelfahrt** (Crkva uznesenja Blažene Djevice Marije) gehört ein frei stehender, 1377 errichteter Glockenturm, der sich bedenklich zum Gotteshaus hin neigt und gar nicht so recht zur neubarocken Fassade passt, die der ursprünglich gotischen Basilika im 19. Jh. vorgesetzt wurde.

St. Veits-Kirche (Crkva sv. Vida): Erhöht über der Altstadt wacht die vom Jesuitenorden als Rotunde errichtete Kirche im Barockstil über ihre Schäfchen. Über das gotische Kruzifix im Inneren wird eine Legende erzählt: Aus den Wunden Jesu floss nämlich Blut, als ein übermütiger Rijeker einen Stein darauf warf. Seither ist das ›Wundertätige Kruzifix‹ fast ebenso verehrt wie die Muttergottes von Trsat, und böse Zungen behaupten, die Jesuiten hätten die Wundermär in die Welt gesetzt, weil ihnen der Marienkult ein Dorn im Auge war.

Modello-Palast: Stellvertretend für die vielen Bauten der Klassizismus zeigt die Palača Modello zwischen Korzo und ul. Ivana Zajca den Einfluss Wiener Architekten auf Rijeka.

Velika tržnica: Der Markt von Rijeka liegt gegenüber dem Modello-Palast und besteht aus mehreren Jugendstilhallen, in denen Obst und Gemüse, Fleisch sowie ganz hinten und in Hafennähe Fisch verkauft werden. Drumherum haben Blumen- und Korbwarenhändler ihre Stände. In den Vormittagsstunden ist das Treiben um die Tržnica am lebhaftesten.

Theater Ivan Zajc (Hrvatsko narodno kazalište): Wie der Modello-Palast wurde auch das Nationaltheater vom Wiener Architektenbüro Fellner und Helmer konzipiert. 1885 öffnete es seine Tore. Gegenüber der mit Säulen gegliederten, zierlichen Fassade lädt eine schattige Parkanlage zur Rast und zur Zwiesprache mit der Statue von Ivan Zajc, des berühmtesten Komponisten Kroatiens.

Marinemuseum (Pomorski i povijesni muzej): Muzejski trg 1, Die–Sa 9–13 Uhr.
Geschichte der Seefahrt und des Hafens von Rijeka.

Moderna Galerija: Dolac 1, Mo–Fr 10–19 Uhr.
Neben der zeitgenössischen Kunst verdient vor allem die Ausstellung Beachtung, die sich der Glagolica widmet, Aufmerksamkeit. Exponate zeigen die Entwicklung und die Besonderheiten dieser altkroatischen Kirchenschrift.

Trsat: Festung und Wallfahrtskirche liegen auf einem Hügel nördlich von Rijeka, auf den man über eine 1531 erbaute Treppe mit 500 Stufen hinaufpilgern kann. Bequemer und schneller geht's natürlich mit dem Auto. Bereits die Illyrer und nach ihnen die Römer unterhielten hier oben einen Wehrbau, Frankopanen, Uskoken und Habsburger nutzten die strategisch hervorragende Position mit Blick übers Meer und weit ins Hinterland. Die Festung stammt in ihrer heutigen Form aber aus dem

19. Jh. Damals erwarb ein österreichischer Feldmarschall die Ruine, flickte sie recht eigenwillig zusammen und ließ sich darin ein pompöses Mausoleum errichten. Die **Kirche der hl. Maria von Trsat** (Sv. Marija Lauretanska) und das angeschlossene Franziskanerkloster stammen aus dem 14. Jh. Ganz ruhig und still ist es im idyllischen, gotischen Kreuzgang des Klosters; aus der Kirche nebenan dagegen dringt das stete Gemurmel der Betenden, die an Kroatiens ältestem Marien-Wallfahrtsort Hilfe von der Gottesmutter erbitten. Dass diese ihre schützende Hand tatsächlich über die Pilger hält, beweisen die vielen Votivgaben, die in einem eigenen Raum ausgestellt sind.

Turistička zajednica: Užarska 14, Tel. 21 31 45, Fax 33 39 09, im Internet unter www.multilink.hr/tz-rijeka.

Kontinental: Šetalište A. K. Miošića 1, Tel. 37 20 08, Fax 37 00 09, moderat.
Nettes Stadthotel in einem restaurierten Prachtbau des 19. Jh.
Bonavia: Dolac 4, Tel. 35 71 00, Fax 33 59 69, teuer.
Nach umfassendem Facelifting das Komforthotel Rijekas im Zentrum.

Pul Belega: Mihanovićeva 35, Tel. 21 63 82, moderat.
Preiswertes Restaurant im Zentrum mit bodenständiger Küche und gutem Fisch.
Taverna Brun: Ribarska 5, Tel. 21 25 44, moderat.
Rustikal eingerichtet und mit einem fantasievollen Koch begnadet, der Italienisches und Kroatisches har-

Sehen und gesehen werden im Café in Rijeka

monisch zu verbinden weiß. Delikat sind Njoki mit Pilzen!
Bel Café: Jadranski trg,
Tel. 21 44 28.
In-Café der Schickeria: Tagsüber kann man unter Sonnenschirmen die Siesta verdösen, abends lümmelt die Jugend in den modisch dekorierten Räumen herum und hört die neuesten Hits.

Zum **Riječki Karneval** rüsten die Narren schon Monate vorher. Fantasievolle Kostüme und die *zvončari* treiben die bösen Geister aus der Stadt; es wird gegessen, getrunken und getanzt.

Der **Flughafen** Rijekas liegt auf der Insel Krk, wird aber zur Zeit nicht von Linie oder Charter angeflogen.
Busbahnhof (Autobusni kolodvor), Žabica 1, Tel. 21 12 22 mit guten Verbindungen nach Istrien und an der Küste nach Süden sowie auch auf die Inseln.
Schiffsterminal (Pomorski Terminal), Riva Boduli, Auskunft bei Jadrolinija, Riva 16, Tel. 66 61 00. Fährschiffe nach Rab und entlang der dalmatinischen Küste bis Dubrovnik (Fahrplan unter www.jadrolinija.tel.hr).

Rovinj

Lage: A 5
Vorwahl: 052
Einwohner: 13 000
Extra-Tour 1: S. 84

Eine tropfenförmige Halbinsel, darauf das Puzzle rotbrauner Ziegeldächer und der stolze, schlanke Campanile der Pfarrkirche – Rovinjs Stadtsilhouette ist sicherlich eine der malerischsten an der Adria. Doch damit nicht genug: Dichte Kiefern- und Pinienwälder säumen die Bucht, kleine und große Inselchen sprenkeln das Blau des Meeres mit grünen Tupfern und zahllose Boote ziehen ihre schäumende Bahn zwischen Hafen und Meer. Aufs 4. Jh. geht die Siedlung zurück. Ursprünglich auf einer Insel gelegen, wurde sie 1763 mit dem Festland verbunden. Zwischen dem 13. und dem 18. Jh. gehörte sie zu Venedig und erhielt ihr charakteristisches Stadtbild. Unter Habsburger Herrschaft kamen zahlreiche klassizistische Bauten dazu. Rovinj ist mit seinen Hotels eines der wichtigsten Ferienziele an der istrischen Adria.

Alter Hafen: Die Fischerboote sind zwischen den vielen Ausflugsschiffen kaum auszumachen – aber es gibt sie noch, denn woher käme sonst der köstlich frische Fisch, den die Restaurants entlang der Uferpromenade **Riva** und in der Altstadt servieren. Vom Hafen gelangt man auf den Hauptplatz **Trg Maršala Tita** mit einem hübschen Springbrunnen vor dem Uhrturm, den der venezianische Löwe schmückt. In der ehemaligen Loggia residiert ein Reisebüro; das im 17. Jh. erbaute Rathaus dient heute als Museum. Der 1680 errichtete **Balbi-Bogen** führt als Stadttor in das Gassengewirr der Altstadt, dessen Pflaster Generationen von Menschen so glatt getreten haben, dass man gut daran tut, mit rutschfestem, stabilen Schuhwerk ausgerüstet zum Bummel aufzubrechen.

Grisia-Gasse: Die von Boutiquen und Galerien gesäumte Straße führt stetig bergauf zum höchsten Punkt der Stadt. In den Seitengassen sieht man mit Pflanzkübel begrünte Innenhöfe, überwölbte Durchgänge, versteckt liegende Restaurants. Schmal und hoch beschatten die Häuser das Labyrinth – viel Platz hatten die Menschen nicht auf der Insel, und so bauten sie kühn in die Höhe.

St-Euphemia-Kirche (Sveta Eufemija): Im 18. Jh, errichtet und 100 Jahre später umgestaltet zeigt die Pfarrkirche selbst ein Mischmasch von Stilen; unverändert dagegen sticht der 1677 erbaute Campanile stolze 59 m in den blauen Himmel. Vom Kirchenraum aus kann man ihn auf 183 schmalen Stufen erobern und genießt von oben eine geradezu fantastische Sicht über die Inseln und die Dächer von Rovinj. Die Euphemia-Statue auf der Turmspitze wird von den Rovinjern als zuverlässige Wetterprophetin geschätzt. Blickt sie zur See, sind die Aussichten gut, zum Land hin zeigt sie schlechtes Wetter an.

Markt: An der Nahtstelle zwischen Altstadt und Festland wird in den Vormittagsstunden der Obst- und Gemüsemarkt abgehalten. Zahlreiche Souvenirhändler haben ebenfalls ihre Stände aufgebaut und halten bis in den späten Abend geöffnet.

Aquarium: Obala G. Paliage 5, tgl. 9–21 Uhr. Vor allem Kinder werden ihre Freude an dem kleinen Aquarium haben: Seespinnen, Rochen, Muränen, Seesterne und ein Mini-Hai kriechen und schwimmen in ihren Wasserbecken herum.

Palazzo Califfi: Trg Maršala Tita 11, Di–So 10.30–14 Uhr, im Sommer 18–20 Uhr.
Nicht Folklore, sondern alte und zeitgenössische Gemälde werden in dem Palazzo gezeigt.

Auf der Hotelinsel **Sv. Katarina** (s. S. 81) gibt es hübsche Kiesbuchten und Felsstrände, verborgen im dichten Grün des alten Parks. **Crveni otok** (die Rote Insel) liegt etwas weiter draußen in der Bucht. Auch hier beschatten Mittelmeereichen und Aleppokiefern die Badestellen. Boote fahren vom Alten Hafen und von der Anlegestelle neben der Marina hinüber. Am

Rovinj zählt zu den schönsten Städten Istriens

Naturpark **Zlatni rt** (Goldenes Kap) kann man nicht nur herrlich schnorcheln, sondern auch zwischen Zypressen, Steineichen und allerlei Exoten in aromatischer Luft spazierengehen. Und in der südöstlich davon gelegenen Bucht breitet sich ein weiter, heller Kiesstrand aus.

Wassersport: Breites Angebot an Paragliding, Wasserski, Tretbootfahren, Tauchen etc. in den Strandbädern der Hotels, vor allem bei Villas Rubin.
Marina: Šetalište Vijeće Europe, Tel./Fax 813133. 480 Liegeplätze.
Radfahren: Per Fahrrad kann man das Goldene Kap erkunden oder auf gut ausgeschilderten Wegen durchs Hinterland strampeln. Die Broschüre »Istra Bike« (von der Westküste zur Ostküste Istriens) listet empfehlenswerte Touren auf (beim Fremdenverkehrsamt). Die meisten Hotels vermieten Fahrräder; ein spezialisierter Fahrradverleih ist Vetura Rent a Bike, Tel. 81 52 09 an der Marina.
Höhlenforschung: Mit Karbidlampen ausgerüstet kann man die St. Romualdo-Höhle am Limski kanal (s. u.) erkunden (tgl. 9–18 Uhr).

Dvigrad: Nur noch Ruinen erinnern an die Zwillingsstädte Parentino und Moncastello wenige Kilometer landeinwärts von Rovinj beim Dorf Kanfanar. Bereits 1631 wurde Dvigrad (Moncastello) aufgegeben, nachdem die Pest die Bewohner aus ihren Mauern getrieben hatte. Obwohl die Ringsiedlung seither leer steht, sind die Fundamente der etwa 200 Häuser,

die Wehrtürme und Mauern und die Überreste der im 12. Jh. errichteten Sophienkirche deutlich auszumachen.

Limski kanal: Wie ein Fjord reicht der schmale Meeresarm nördlich von Rovinj tief nach Istrien hinein. Ausflugsfahrten per Schiff führen in den Kanal und halten an einer Höhle, in der Szenen für den Karl-May-Film »Der Schatz im Silbersee« gedreht wurden. Zum Abschluss gibt's ein Schlemmermahl in einem der beiden Fischrestaurants (s. Essen gehen), auf deren Speisekarten die hier gezüchteten Austern ganz oben stehen.

Bale: Etwa 14 km nach Südosten sind's in die 140 m hoch gelegene Stadt Bale, deren Standort bereits in vorrömischer Zeit besiedelt war. Zwar ist von den alten Verteidigungsanlagen kaum noch etwas erhalten, ein Bummel durch den Ortskern zeigt aber die traditionelle, in zwei konzentrischen Kreisen um die Hügelkuppe gewachsene Stadtanlage und den Bembo-Palast, der im 15. Jh, errichtet wurde und dessen Fassade mit gotischen und Renaissance-Elementen wunderbar erhalten ist. Die St. Julius-Kirche (Župna crkva sv. Julijana) im Zentrum stammt dagegen aus dem 19. Jh. Im Inneren sind Fundstücke aus dem romanischen Vorgängerbau, darunter ein Steinsarkophag mit Flechtbandornamenten, zu sehen.

Turistička zajednica: Pino Budicin 12, Tel. 81 15 66, Fax 81 60 07, im Internet unter www.istra.com/rovinj

Rovinj: Svetog Križa 59, Tel. 81 12 88, Fax 81 12 57, moderat.
In Panoramalage hoch über der Altstadt, aber leider etwas vernachlässigt.

Stancija Mamú: Kanfanar, Kurili bb, Tel./Fax 82 51 30, teuer.
Ein istrisches Bauernhaus etwa 11 km östlich von Rovinj mit großem Garten und Pool sowie eigenem Weingut. Idyllisch, aber nur gesamt zu mieten (max. 10 Personen)!

Sol Inn Adriatic: P .Budicin bb., Tel. 81 50 88, Fax 81 35 73, moderat.
Das frisch renovierte Hotel am Hafen ist ideal für Menschen, die im städtischen Leben ›untertauchen‹ wollen. Durch die vielen Veranstaltungen am Hauptplatz im Sommer allerdings recht laut.

Melia Eden: L. Adamovi´ca, Tel. 80 04 00, Fax 81 13 49, teuer.
Große, sehr komfortable aber leider mäßig geführte Anlage in dichtem Grün.

Eine Bar für Romantiker: Café Valentino in Rovinj

In der Altstadt und an der Riva stolpert man regelrecht über Restaurants, Pizzerien und Konobas.

Veli Jože: Rovinj, Svetog križa 1, Tel. 81 63 37, moderat.
Eine istrische Konoba mit riesigen Dimensionen nahe dem Trg M. Tito– hier sind Lamm oder Fuži mit Pilzen ebenso gut wie das Fischrisotto.

Ristorante Blu: Val de Lesso, südöstlich der Stadt nahe dem Krankenhaus, Tel. 81 12 65, moderat.
Allein die herrliche Lage direkt am Meer lohnt den Abstecher; Pizza und Pasta schmecken zudem ganz ausgezeichnet.

Monte: Rovinj, Montalbano 75, Tel. 83 02 03, teuer.
In einem schattigen Innenhof unterhalb der Euphemia-Kirche serviert der Küchenchef eine delikate, istrisch-italienische Küche, die in der Region konkurrenzlos ist. Probieren Sie Fisch in Kapernsauce (um 130 Kn).

Giannino: Rovinj, Augusta Ferri 38, Tel. 81 34 02, teuer.
Mitten in der Altstadt, unweit des Trg M. Tito, sozusagen auf offener Gasse, werden die Spezialitäten des Meeres sehr temperamentvoll und gelegentlich etwas laut aufgetischt. Spezialität sind Rigattoni mit Hummer und Kabeljau in Olivenöl (um 50 Kn).

Lim Fjord: Sv. Lovreč, Limski kanal 1, Tel. 44 82 22, teuer.
Ein Gourmet-Paradies für Freunde der Fischküche. Neben Austern und diversem Getier aus der Adria gibt es auch hervorragendes Steak mit Pilzen. Petersfisch aus dem Backofen um 140 Kn.

Art Atelier: Rovinj, Grisia 50, Tel. 81 53 11.
Die Künstlerin Melita Babić und ihre Tochter stellen außerordentlich schönen und nicht teuren Schmuck her.

Galerija Boyan: Rovinj, Grisia 26, Mobil-Tel. 091-51 89 963.
Die handbemalte Keramik mit sehr dekorativen und geschmackvollen Motiven des Künstlers Davor Slat hebt sich wohltuend vom häufig sehr kitschigen Angebot der Grisia-Straße ab.

Etnogalerija Grgac: Bale, Kaštel 105.
Folkloristisch angehauchte Kunst und Kunsthandwerk aus Ton, Holz und Stein sowie wunderbare, Hand gewebte Stoffe und Kleidung.

Valentino: Rovinj, Sv. Križ 28, Tel. 83 06 83.
Eine verwunschene Bar für Verliebte und Träumer. Man sitzt an Tischchen oder auf dekorativ ausgebreiteten Kissen auf den Felsen über dem Meer mit Blick auf die Insel Sv. Katarina, Fackeln erhellen die Nacht, aus den Boxen tropft zarter Jazz oder Klassik und dazu gibt's fantasievoll gemixte Drinks (tgl. 18–3 Uhr).

In Rovinj selbst ist den ganzen Sommer über etwas los – **Open-Air-Konzerte** oder **Fischerfeste** etc. werden vom Tourismusverband organisiert. Im **Franziskanerkloster** südwestlich der Altstadt finden klassische Konzerte statt. Über die Unterhaltungsprogramme informiert eine ausführliche Broschüre der Touristeninformation.
Jakovlja in Kanfanar: Am 25. Juli wird der Festtag des St. Jakob mit einem Ochsenmarkt und Folkloremusik begangen. Dabei wird auch der ›istrische Dudelsack‹ *mih* gespielt.
Nacht von Bale: Am ersten Samstag im August kommen die Menschen in den traditionellen istrischen Trachten in die Stadt und führen die althergebrachten Tänze vor.

Busverbindungen nach Poreč, Pula, Rijeka.

Familienparadies Katarineninsel

Nur 200 m vom Festland entfernt bietet die Insel eines der schönsten Panoramen auf die Altstadt von Rovinj – doch damit nicht genug – sie selbst ist ebenfalls paradiesisch schön. Um die Wende vom 19. zum 20. Jh. erwarb der österreichische Graf Ignaz Karol von Korwin Milewski das Eiland, bedeckte den verkarsteten Boden mit fruchtbarer Erde und ließ Bäume, Sträucher und Blumen pflanzen. Im Herzen der grünen Oase erbaute er sich ein kleines Palais mit Jugendstilelementen. Doch der Erste Weltkrieg machte alle Pläne des Adeligen zunichte – seiner russischen Besitzungen beraubt und verarmt starb er 1926, und Sv. Katarina erlebte bis zu den 1950er Jahren ein wechselhaftes Schicksal. Im Sommer 2000 investierte wiederum ein Österreicher in das Eiland und schuf ein Familienresort, das an der kroatischen Adria ohnegleichen ist. Mit freundlich eingerichteten Apartments, Kinderclub, vielfältigem Sport- und Unterhaltungsangebot sowie ausgezeichnetem Restaurant ist die ›Paradies-Hotelinsel Katarina‹ nun fast konkurrenzlos, was Standard und Service betrifft. Informationen und Buchung: Tel. 80 41 00, Fax 80 41 11, www.hotelinsel-katarina.com, oder Tel. 0043/6542/788-0.

EXTRA-

Fünf Extras in Istrien und der Kvarner Bucht

1. Venezianisches Rendezvous
– Von Loggias, Campaniles und Cappuchino

2. Wandern auf Kaisers Spuren
– Von Opatija nach Lovran

Touren

3. Zu den schönsten Stränden – Inselhüpfen im Kvarner Golf
4. Auf den Spuren der Glagoliter – Wo Kirchen und Klöster die kroatische Identität hüten
5. Wehrdörfer und Weinkeller – Istrien für Genießer

EXTRA Tour 1

Venezianisches Rendezvous

Wie kleine Kopien der einstigen Schutzmacht Venedig wirken die Städtchen an Istriens Westküste. Elegante Campaniles weisen den Weg von Ort zu Ort. Die Strecke bis zur Südspitze der Halbinsel ließe sich bequem in einem Tag bewältigen, wären da nicht die hübschen Altstädte mit ihren venezianischen Palazzi, den Boutiquen, Restaurants und Galerien und immer neue Strände und Buchten, die unterwegs zum Sprung ins kühle Nass verführen. Mindestens drei Übernachtungen, beispielsweise in Poreč, Rovinj und Pula, sollte man einplanen, um alles zu sehen; in einer Woche kann man neben den kulturellen Highlights auch Sonne, Strand und Meer genießen und die eine oder andere Sehenswürdigkeit im Hinterland besuchen.

Umag (A 3; s. S. 53) mit seiner winzigen, auf einer Landzunge gelegenen Altstadt bildet den Beginn einer Reihe von Feriensiedlungen und Campingplätzen, die nach Süden bis **Novigrad** (A 4; s. S. 52ff.) die Küste säumen. In dieser Region besitzen viele Kroaten und Slowenen ihr *wikend,* ihr Wochenendhäuschen, in dem sie sich vom Arbeitsstress erholen. Einige vermieten die einfachen Bungalows auch an Feriengäste. Das Land hier ist flach und wird intensiv landwirtschaftlich genutzt, und nicht nur in den beiden Hafenstädtchen, sondern auch im Inland wachen die venezianischen Glockentürme mit ihren pyramidenförmigen Spitzen über eng aneinander gedrängte, alte Siedlungen.

In die Tropfsteinwelt des Karstes entführt ein Abstecher zur Grotte **Baredine** (B 4; s. S. 65). Knappe zehn Minuten Fahrt von der Küste entfernt tut sich zwischen den Feldern der Schlund in die Unterwelt auf. Zurück in Novigrad führt die Route weiter nach Süden: Jenseits der Mirna, die südlich von Novigrad in die Adria mündet, schließt fast übergangslos die Riviera von **Poreč** (A 4; s. S. 62ff.) mit komfortablen Hotel- und Campinganlagen an. Die Stadt selbst schmückt sich mit besonders schönen und hervorragend erhaltenen Palästen im Stil der venezianischen Gotik, auf denen das Herrschaftssymbol der Serenissima, der geflügelte Löwe, einträchtig neben dem istrischen Wappen, einer Ziege, steht. Bis **Vrsar** (A 5; s. S. 65) kann man der buchten-

Abendstimmung in Rovinj

reichen, bewaldeten Küste folgen, dann schwenkt die Straße nach Osten, um den tiefen Fjord des **Limski kanal** (A/B 5; s. S. 79) zu umgehen. Ein kurzes Stück Schnellstraße durchschneidet hier die hügelige, dicht bewaldete Landschaft des ›roten‹ Istrien, und linker Hand sieht man die Mauern und Türme von **Dvigrad** (B 5; s. S. 78f.) auf einer Bergkuppe.

Dann geht's zurück an die Küste nach **Rovinj** (A 5; s. S. 76ff.), auf dessen Campanile die hl. Eufemia im Wind tanzt. Zu ihren Füßen liegt eine der hübschesten Hafenstädte Istriens, schmale Gassen und Treppen führen bergauf und bergab, und junge Künstler zeigen in schummerigen Ateliers ihr Können. Keine Frage, dass auch in Rovinj der steinerne venezianische Löwe stolz seine Klauen zeigt.

Die Küstenlinie zwischen Rovinj und Pula ist noch wenig erschlossen und an vielen Stellen nur vom Meer aus zugänglich; die Straße führt in das mittelalterliche **Bale** (B 5; s. S. 79), dessen venezianisches Erbe im Palazzo Soardo-Bembo mit seinen beiden Wehrtürmen und den eleganten, gotischen Fenstern besonders schön zum Ausdruck kommt, und **Vodnjan** (C 6; s. S. 69) mit seinen wundersamen Heiligenmumien landeinwärts nach **Pula** (C 7; s. S. 67ff.). Venedigs Architekten haben in der lebhaften Hafenstadt ein wesentlich älteres Erbe in ihre Bauten integriert – das Rathaus beispielsweise steht auf dem Grundriss eines römischen Tempels. Die monumentale Arena jedoch ließ sich nicht so einfach nivellieren, und so bildet sie noch heute ein unübersehbares und sehr dekoratives Wahrzeichen, das aus der Luft betrachtet wie eine riesige Schüssel am Rande der Altstadt von Pula liegt. Rundflüge über Pula und Umgebung kann man vom Flughafen aus unternehmen.

Vielleicht macht der Pilot einen Schlenker über die Inseln des **Brijuni-Archipel** (B 6; s. S. 28f.) mit seinen ehemaligen Präsidentenvillen, den römisch-byzantinischen Ausgrabungsstätten und einem exotischen ›Wildpark‹. Oder aber er fliegt nach Süden über die Halbinsel **Kamenjak** (C 7; s. S. 68), die sich mit gezackte Felsbuchten und dichte Kiefernwälder schmückt). Hier ist der südlichste Punkt Istriens erreicht.
(Autoroute, ca. 115 km)

Extra Tour 2

Wandern auf Kaisers Spuren

Ende des 19. Jh. gelangte die Küste zwischen Volosko und Lovran am Kvarner Golf als ›Liburnische Riviera‹ zu Berühmtheit, denn alles, was in der k. u. k.-Monarchie Rang und Namen hatte, drängte in die istrischen Kurbäder, um die milden Wintermonate zwischen Lorbeer und Oleander in hochherrschaftlichen Villen und Luxushotels zu verbringen. Damals wurde auch der Spazierweg angelegt, der von Volosko über 12 km bis Lovran an der Küste entlangführt und bequem in knapp drei Stunden (ohne Besichtigung) bewältigt werden kann.

Volosko (E 3; s. S. 55) ist heute ein Vorort von Opatija, und dennoch hat das hübsche alte Fischerdorf kaum etwas mit dem mondänen Seebad gemein. Mehrere gute Restaurants könnten den Spaziergänger hier davon abhalten, den Wanderweg in Angriff zu nehmen – doch vor dem Genuss eines üppigen Mahles lohnt es, zunächst Landschaft und Architektur der Liburnischen Riviera zu bewundern! Der gepflasterte Pfad umrundet zunächst Hafen und Altstadt und folgt dann in Serpentinen der Küstenlinie nach Süden. Die Kronen von Esskastanien und Kiefern spenden Schatten, und immer wieder laden Bänke zur Rast mit Blick über das Meer auf Rijeka. Hübsche Villen, manche frisch restauriert, andere wiederum recht verfallen, stehen im Grün, und nach einer Viertelstunde ist mit dem modernen Hochhaus des Hotels Ambassador **Opatija** (E 3; s. S. 54ff.) erreicht. Hier kann man zwischen zwei Varianten wählen: weiter an der Uferpromenade entlang oder in die Stadt einschwenken und der Hauptstraße Šetalište M. Tita folgen, die vom ›Ambassador‹ Opatija längs durchschneidet und vorbei an Boutiquen, Hotels, Restaurants und Cafés durchs Stadtzentrum führt. Am Meer entlang gelangt man schon bald in die schattigge Oase des Parks der Villa Angiolina, passiert danach das älteste Hotel Opatijas, das ›Kvarner‹, und legt an der Bronzenymphe eine Rast ein. Dahinter treffen sich die beiden Wege für ein kurzes Stück, denn das Strandbad Slatina unterbricht die Uferpromenade. Ab dem Hotel ›Dubrovnik‹ geht's dann wieder an der Küste entlang, die hier von zumeist modernen Hotels mit privaten Strandbuchten gesäumt ist, und im-

Bänke zum Ausruhen finden sich in ausreichender Zahl am Weg

mer wieder müssen Spaziergänger auf die Hauptstraße auswelchen, weil Marinas, Campingplätze und das Strandbad von **Ičići** den direkten Weg versperren. Hinter dem Autocamp ›Opatija‹ sind diese Unbequemlichkeiten vergessen, denn nun läuft man wieder teils im Schatten uralter Bäume, teils der Sonne ausgesetzt über den Felsen in die Bucht von **Ika** hinein. Hier lohnt eine Mittagsrast im Hotel-Restaurant Ika (s. S. 57), denn im Familienbetrieb werden Qualität und Service hoch gehalten. Und direkt vor der Restaurantterrasse lockt ein flacher Kiesstrand zum Sprung ins kühle Nass.

An der Ika-Bucht weiter nach Südosten säumt die alte Uferpromenade nun bis Lovran das Meer. Ein einziger, schattiger Park begleitet die Spaziergänger, und Wege führen landeinwärts zu Villen, in denen die Architekten, allen voran der Österreicher Karl Seidl, alle Spielarten des Klassizismus und Jugendstils ausprobiert haben. Verwilderte Gärten und bröckelnder Putz geben den Anwesen ein sehr nostalgisches Flair. Fast glaubt man, im Schatten der hohen alten Bäume elegante Damen in langen Kleidern promenieren zu sehen und die Klavierübungen höherer Töchter zu hören. Doch das Klimpern ist keine Illusion – in der Villa Frappart werden junge Musiker als Stipendiaten aufgenommen. Ihr Spiel untermalt das Zwitschern der Vögel und den sanften Schlag der Wellen.

Kurz muss der historische und vorbildlich restaurierte Bau eines Krankenhauses auf der Straße umrundet werden, dann kommt die Riviera von **Lovran** (E 4; s. S. 47ff.) in Sicht. Winzige Kiesbuchten liegen zu Füßen der Wanderer, eine jede belagert von Einheimischen, deren Kinder den (kostenlosen) Badespaß zwischen Felsnadeln dem Strandvergnügen des mit Beton begradigten Stadtbades vorziehen. Und etwas erhöht über der Promenade reihen sich kleinen Palästen gleich die Villen der österreichisch-ungarischen Aristokratie aneinander, umgeben von Hortensien, Lorbeer und Rosen. Der Wanderweg endet am Hafen von Lovran, von wo aus man die idyllische Altstadt erkunden und in einem der ausgezeichneten Restaurants noch einmal in den Genüssen der istrisch-mediterranen Küche und deren Weine schwelgen kann. (Wanderung, ca. 12 km)

Extra-Tour 3

Zu den schönsten Stränden – Inselhüpfen im Kvarner Golf

Die Tour von Insel zu Insel erschließt auf Autostraßen und Fährpassagen die Inselwelt des Kvarner Golfes; sie führt durch fast archaische, ländliche Regionen zu alten, venezianischen Städten, passiert traumhaft schöne, einsame Buchten und Hotel- bzw. Campinganlagen, die Sport und Fun rund um die Uhr ermöglichen. Je nach Häufigkeit der Fährverbindungen (Juli und August häufig, in der Nebensaison seltener) nimmt die Inselhüpferei mindestens vier Tage in Anspruch. In einer, besser sogar zwei Wochen erlebt man die Eilande des Kvarner natürlich viel erholsamer und intensiver – Übernachtungsmöglichkeiten gibt es zu Hauf – nur in der Hochsaison kann es zu Engpässen kommen.

Die Bucht von **Brestova** ist Ausgangspunkt der Inseltour. In einer knappen halben Stunde tuckert die Autofähre nach **Porozina** auf **Cres** (E 5; s. S. 31ff.). Die Insel zeigt sich von ihrer herben, mit Macchia bewachsenen Seite, bevor man Cres-Stadt mit der mauerumgürteten Altstadt erreicht. Weiter geht's nach Süden, stets an den *gromače* genannten Trockenmauern entlang. Im Westen schimmert in einer Senke der Süßwassersee **Vransko jezero,** und schließlich erreicht man **Osor,** einst ein bedeutender Hafen. Eine Drehbrücke verbindet Cres mit **Lošinj** (E 8–F 9; s. S. 45ff.), dessen 589 m hohen Berg **Televrina** man besteigen und die Fernsicht genießen kann. Zwischen Kiefern und Pinien stehen moderne Hotels, auf schattigen Stellplätzen bauen Camper ihre Feldküche auf, und in den beiden Städtchen **Mali** und **Veli Lošinj** schaukeln Ausflugs- und Fischerboote in den Hafenbecken. Wer hier einige Tage verweilt, kann nicht nur schöne Wanderungen unternehmen sondern auch im Restaurant Capri (s. S. 47) ein ausgezeichnetes Abendessen goutieren, das der temperamentvolle Giovanni mit viel Liebe fürs Detail zelebriert.

Dann geht's zurück nach Cres und zum Fährhafen **Merag** an der Ostküste. In **Valbiska** fährt man vom Schiff zur Erkundung von **Krk** (F 4–G 6;s. S. 37ff.), dessen gleichnamige Inselhauptstadt mit ihrem venezianischen Hauptplatz und der

Idyllisch und bar jeder Hektik: Veli Lošinj

romanischen Pfarrkirche unbedingt einen Zwischenstopp lohnt. Zum Mittagessen oder für einen längeren Aufenthalt empfiehlt sich die nahe gelegene Bucht von **Punat** mit ihrer Klosterinsel Košljun oder der Badeort **Baška** ganz im Süden. Von beiden Standorten aus führen Fahrrad- und Wanderwege über die teils kargen, teils mit Strandkiefern bewachsenen Hänge der Umgebung zu winzigen Badebuchten, in denen es sich herrlich schnorcheln und plantschen lässt.

In Baška legt die Fähre zur südlichen Nachbarinsel **Rab** (G 7; s. S. 71ff.) ab. An den kahlen Eilanden **Prvič** und **Sv. Gurgur** vorbei pflügt sie durchs spiegelglatte Wasser und erreicht bei **Lopar** eine der beiden ›Krebsscheren‹ von Rab – denn tatsächlich besitzt die Insel die Form eines Krebses. Die Halbinsel Lopar konkurriert mit Krk um die Ehre, die ersten Nudisten in der Geschichte adriatischer Seebäder empfangen zu haben. Historische Fotografien zeigen hüllenlos Badende am Sandstrand San Marino, der heute auch Paradiesstrand genannt wird. Doch bei all den Badefreuden sollte man die Inselhauptstadt **Rab** nicht vergessen, ein lang gestrecktes, schmales Juwel mit der einzigartigen Silhouette von vier hintereinander gestaffeltenen, uralten Kirchtürmen, deren Glocken melodisch den Abend einläuten. Vom Hafen **Mišnjak** an der Südspitze ist es ein Katzensprung mit der Fähre aufs kroatische Festland bei **Jablanac.** Hier führt die Adria-Magistrale zurück nach Norden, passiert die Uskokenstadt **Senj** (H 6; s. S. 34), wo man einen Abstecher zum **Plitvice-Nationalpark** (s. S. 60ff.) unternehmen kann. Für den Ausflug in die Wald- und Seenlandschaft sollte man unbedingt zwei Extra-Tage einplanen, denn die kurvenreiche, schmale Straße nach Plitvice läßt sich nicht schnell befahren und der Besuch des Nationalparks erfordert mindestens einen halben, möglichst einen ganzen Tag. Zurück auf der Adriamagistrale geht es schließlich am Seebad **Crikvenica** (G 4; s. S. 34f.) vorbei auf Rijeka zu. Vor der Hafenstadt muß allerdings noch die Bucht von Bakar umrundet werden – Fabrikanlagen beherrschen den schmalen Meeresarm am Buchteingang und kündigen Rijeka an, wo diese Route endet.
(Autotour, ca. 330 km)

EXTRA Tour 4

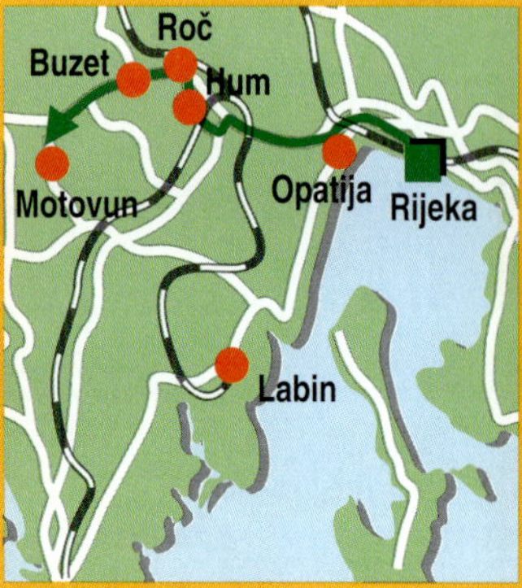

Auf den Spuren der Glagoliter

Die Schrift Glagolica wurde bis Anfang des 20. Jh. in manchen istrischen Kirchengemeinden verwendet, ihre Ursprünge gehen aufs 9. Jh. zurück, als sie angeblich von den Aposteln Kyrill und Method zur Transkription der bulgarischen Sprache entwickelt und von christlichen Missionaren bis nach Istrien verbreitet wurde. Heute sehen viele Kroaten in ihr ein Symbol für die nationale Einheit des Volkes, das in seiner Geschichte stets von fremden Völkern beherrscht wurde. In den wehrhaften Bergorten Inneristriens sind die Spuren der Glagolica noch allgegenwärtig; um sie ausgiebig würdigen zu können, sollte man für diese Route mindestens einen, möglichst zwei Tage einplanen. Empfehlenswerte Übernachtungsmöglichkeiten bieten neben den im Ortsteil aufgeführten Hotels zahlreiche ländliche Betriebe, die in der Broschüre »Agroturizam« des istrischen Fremdenverkehrsverbandes vorgestellt werden.

Rijeka (E / F 3; s. S. 73ff.) mit seinem großen Hafen birgt in seiner hübschen Altstadt einen wertvollen Schatz: Die Moderna Galerija erklärt in einer Glagolica-Abteilung Ursprünge und Herkunft der Schrift, die Ähnlichkeiten mit dem kyrillischen Alphabet hat. Dann geht's an modernen Trabantenstädten entlang über Serpentinen auf die **Učka** zu, jenes Massiv, das die Riviera von Opatija vor kalten Winden schützt und für ihr ausgeglichenes Klima sorgt. Ein 5062 m langer, mautpflichtiger Tunnel erspart dem Reisenden die Kurverei über den Poklon-Pass, und dahinter findet er sich in der von Kalkstein und karger Vegetation gezeichneten Landschaft des ›grauen‹ Istrien wieder, das der Bergzug der **Ćićarija** nach Nordosten hin abschließt. Der Weiler **Hum** (D 3; s. S. 30), der sich stolz rühmt, die »kleinste Stadt der Welt« zu sein, klebt hübsch auf einer Hügelkuppe, und hier beginnt die von modernen Skulpturen gesäumte ›Allee der Glagoliter‹ nach Roč. Der 7 km lange, schattige Spazierweg erinnert an wichtige Ereignisse der kroatischen Geschichte. Er startet am Stadttor am Monument 10 (gezählt wird ab Roč), dessen drei aufeinander getürmte Quader Altertum, Mittelalter und Neuzeit symbolisieren. Bemerkenswert sind u. a. die Skulptur 7 des »Istarski

Hoch über dem Tal der Mirna gelegen: Motovun

razvod«, eines Dokumentes aus dem 13. Jh.über die Aufteilung und Abgrenzung der istrischen Gemeindenbesitzungen, die von den Bürgermeistern ausgehandelt und in lateinischer, deutscher und glagolitischer Sprache aufgezeichnet wurde, und Monument 6 mit dem glagolitischen, kyrillischen und lateinischen Alphabet. Im Lapidarium (Nr. 4 vor der Dorfkirche von Brnobići) wurden Glagolica-Schrifttafeln aus verschiedenen Regionen versammelt, der »Tisch von Kyrill und Method« (Nr. 2) erinnert an die beiden ›Slavenapostel‹ und kurz vor Roč steht die »Säule des Tschakawischen Parlaments« mit dem glagolitischen S, stellvertretend für den kroatischen Begriff *slovo,* Vernunft. In **Roč** (D 3; s. S. 30) schließlich kann man glagolitische Zeugnisse in den beiden Kirchen bewundern und in der ›Ročka Konoba‹ zu deftiger istrischer Kost den köstlichen Wein aus der Region verkosten, bevor man zurück nach Hum spaziert. Auf schmaler und kurviger Straße geht es dann über Ročko Polje und Roč weiter nach Buzet.

Auch in **Buzet** (C 3; s. S. 29f.) trifft man auf die Spuren der Glagoliter. In der Stadt selbst, aber auch in den Winzerdörfern in ihrer Umgebung, die die Weinstraße *Vinska cesta Buzetine* erschließt, wurde das altkroatische Schrifttum intensiv gepflegt. Idyllisch begleitet die Mirna die Straße nach Motovun; Weiden und Platanen wachsen an ihren Ufern, und im Sommer stolzieren manchmal Störche auf der Suche nach Fröschen über die Wiesen. Das Thermalbad Istarske Toplice duckt sich unter die Felsen der Ĉićaria; Schwefelquellen heilen rheumatische Beschwerden. Doch die besten Jahre der bereits von den Römern geschätzten Quellen sind offensichtlich schon lange vorbei, das Thermalbad wirkt vernachlässigt.

Endpunkt der Tour ist das von Mauern umschlossene Städtchen **Motovun** (B 3; s. S. 50ff.), das zwar keine glagolitischen Denkmäler aufweisen kann, wegen seiner verträumten Atmosphäre unter den Kastanien des Restaurants ›Kaštel‹ aber die Gelegenheit bietet, bei einer Tasse Kaffee oder der Mischmasch genannten Weinschorle über die bis zur Neuzeit stets von Fremden geprägte Geschichte Istriens nachzudenken. (Autotour, ca. 75 km)

Wehrdörfer und Weinkeller – Istrien für Genießer

Lieblich ist die Landschaft, offen und freundlich sind die Städtchen im westlichen Istrien. Doch auch hier mussten die Menschen ihr Hab und Gut mit dicken Wehrmauern und Festungstürmen gegen Angreifer verteidigen. Anders als weiter im Osten haben heute vielerorts Künstler die alten Häuser bezogen, Restaurants, istrisch *konoba,* bewirten Tagesausflügler mit ländlicher oder exquisiter Kost, und zahllose Winzer verkaufen entlang der Weinstraßen von Buje oder Poreč ihre selbst gekelterten Tropfen. In ein bis zwei Tagen ist die Route bequem zu bewältigen – doch Vorsicht! Nach allzu intensiver Weinverkostung steigt man besser in einem Hotel oder Privatzimmer ab!

Wie kreativ die kroatische Künstlerszene ist und wie gut Gulasch mit Njoki oder Rehbraten mit Pilzen schmecken – von beidem kann man sich in **Grožnjan** (B 3; s. S. 35f.) überzeugen. Das Künstlerdorf birgt in den schmalen, holperig gepflasterten Gassen zahllose Galerien und im Zentrum ein nettes Lokal. Den Schildern »Vinska cesta Bujštine« über kurvige Bergstraßen folgend kann man bei Winzern einkehren und neben Wein und Trester-Schnaps meist auch Schinken, *pršut,* und Würste einkaufen. Dann geht's hinunter auf die Hauptstraße und nach Süden bis Baderna, wo die Straße in Richtung Pazin nach Osten abzweigt.

Wer's abenteuerlicher mag, fährt auf Nebenwegen von Grožnjan über **Motovun** (B 3; s. S. 50ff.) und Karojba nach Pazin – vorbei an winzigen Dörfern und Bauernhöfen, wo Hand gemalte Schilder und improvisierte Straßenstände auf Selbst-Geselchtes, -Gekochtes, -Gebrautes oder -Gesammeltes hinweisen. Von Honig über in Schnaps eingelegtes Obst bis hin zu Beeren und Pilzen reicht das je nach Saison variable Angebot. Und natürlich führt auch hier eine Weinstraße, die *Vinska cesta Poreštine* zu Winzern und Weinkellern.

Pazin (C 4; s. S. 58f.) liegt im Herzen Istriens und ist dessen offizielle ›Hauptstadt‹. Auf den ersten Blick ähnelt es den anderen istrischen Bergnestern nicht, denn es liegt auf einem flachen Hügel. Und dennoch ist es wehrhaft durch Mauern und die tiefe Fodja-

In Labin haben sich zahlreiche Künstler niedergelassen

Schlucht geschützt, deren Schlund 130 m tief die Altstadt begrenzt.

Auf Nebenstraßen geht es nach Süden durchs ›rote‹ Istrien, dessen schwere, fruchtbare Erde nach der Ernte in gleichmäßigen Furchen die Landschaft strukturiert. Trockenmauern grenzen die Äcker ab, und kuppelgedeckte, runde Steinhäuschen sind als Erben slawischer Bautradition noch vielerorts zu sehen. Stolz erheben sich über den Äckern mittelalterliche Bergstädtchen wie **Žminj** und **Svetvinčenat.** Runde und eckige Festungstürme begrenzen graue Stadtmauern, über die rote Ziegeldächer und kühne Kirchtürme lugen. Vor allem das Kaštel von Svetvinčenat, im 16. Jh. von der venezianischen Adelsfamilie Grimani erbaut, ist noch hervorragend erhalten. In seinen Mauern fand einer der spektakulärsten Hexenprozesse Istriens sein grausiges Ende: 1632 wurde im Kastellhof der Scheiterhaufen für Marija Radoslović entzündet – ihr Vergehen war ein Liebesverhältnis mit einem Sproß der Schloßherren.

Schließlich erreicht man **Vodnjan** (C 6; s. S. 69), dessen drei mumifizierten Heilige weit über die Grenzen des Städtchens hinaus von den Kroaten verehrt werden. Nach der Besichtigung der Kirche und der Mumien kann man sich im Restaurant ›S. Rocco‹ bei einem istrischen Imbiss von dem gruseligen Anblick erholen.

Barban in 230 m Höhe ist noch vollständig von Mauern umgeben. Die zwei Stadttore führen auf den Rathausplatz und zur stark befestigten Burg des Ortes. Zu den Ritterspielen ergreift jedes Jahr ein buntes, mittelalterliches Völkchen von der Stadt Besitz. Dann wetteifern edle ›Ritter‹ auf stolzen Rössern miteinander im Lanzenstechen und versuchen, vom galoppierenden Pferd aus mit der Lanze durch einen Ring treffen.

End- und Höhepunkt der Tour ist **Labin** (D 5; s. S. 43ff.), in dessen stillen Gassen hinter den Festungsmauern ein buntes Künstlervölkchen arbeitet und seine Werke ausstellt. In der ›Oštarija San Marco‹ prägt das nahe Meer die Speisekarte, und wer nach so viel schwerer und deftiger Kost Lust auf frischen Fisch und Meeresfrüchte verspürt, kann diese hier mit Blick übers Meer mit einem kühlen Schluck Malvazija hinunterspülen. (Autotour, ca. 118 km)

Impressum/Fotonachweis

Fotonachweis

Titel: Blick auf Rovinj
Vignette S. 1: Beim Jules-Verne-Fest in Pazin
Seite 2/3: Mit dem Schiff von Krk nach Rab
Seite 4/5: Beim Karneval in Rijeka
Seite 26/27: Blick auf Pula

Ralf Freyer, Freiburg Titelbild, S. 4, 7, 18, 52, 85, 87, 91, 93
Friedrich Köthe, München Vignette, S. 2/3, 4/5, 6, 8, 10, 12, 15, 26, 31, 37, 38, 42, 47, 49, 50, 56, 59, 60/61, 64, 70, 72, 76, 78/79, 80, 89

Kartographie:
Berndtson & Berndtson Productions GmbH, Fürstenfeldbruck © DuMont Reiseverlag

Alle in diesem Buch enthaltenen Angaben wurden vom Autor nach bestem Wissen erstellt und von ihm und dem Verlag mit größtmöglicher Sorgfalt überprüft. Gleichwohl sind inhaltliche Fehler nicht vollständig auszuschließen. Ihre Korrekturhinweise und Anregungen greifen wir gern auf.
Unsere Adresse: DuMont Reiseverlag, Postfach 101045, 50450 Köln, E-Mail: info@dumontreise.de; Internet: www.dumontreise.de

Die Deutsche Bibliothek – CIP-Einheitsaufnahme:

Daniela Schetar, Friedrich Köthe:
Istrien und Kvarner Bucht / Schetar, Daniela; Köthe, Friedrich. –
- Köln : DuMont, 2002
(DuMont Extra)
ISBN 3-7701-5753-2

Grafisches Konzept: Groschwitz, Hamburg

Druck: Rasch, Bramsche
Buchbinderische Verarbeitung: Bramscher Buchbinder Betriebe

ISBN 3-7701-5753-2

Register